Este libro le pertenece a

... una joven
amada por Dios.

El Caminar con Dios de una Joven

Elizabeth George

EDITORIAL UNILIT

SEPA
PARA QUE EL MUNDO

Publicado por
Editorial Unilit
Miami, Fl. 33172
Derechos reservados

© 2007 Editorial Unilit (Spanish translation)
Primera edición 2007

© 2006 por Elizabeth George
Originalmente publicado en inglés con el título:
A Young Woman's Walk With God
por Harvest House Publishers
Eugene, Oregon 97402
www.harvesthousepublishers.com
Todos los derechos reservados.

Traducción: Gabriela De Francesco de Colacilli
Diseño de la portada: Terry Dugan Design, Minneapolis, Minnesota
Fotografía de la portada: © Katie Powers / Taxi/Getty Images

A menos que se indique lo contrario, las citas bíblicas se tomaron de la Santa Biblia Nueva Versión Internacional. © 1999 por la Sociedad Bíblica Internacional.
Las citas bíblicas señaladas con RV-60 se tomaron de la Santa Biblia, Versión Reina Valera 1960. © 1960 por la Sociedad Bíblica en América Latina.
Las citas bíblicas señaladas con DHH se tomaron de *Dios Habla* Hoy, la Biblia en Versión Popular. © 1966, 1970, 1979 por la Sociedad Bíblica Americana, Nueva York. Usadas con permiso.

Producto 495510
ISBN 0-7899-1488-3
Impreso en Colombia
Printed in Colombia

Categoría: Jóvenes/Jóvenes/Vida cristiana
Category: Youth/Youth/Christian Living

Contenido

Cómo logras organizarte

Reconocimientos

Como siempre, gracias a mi querido esposo, Jim George, licenciado en divinidades y teología, por tu valiosa ayuda, dirección, sugerencias y ánimo incondicional durante este proyecto.

Una palabra de bienvenida

Querida amiga:

Sin siquiera conocerte, ¡me doy cuenta de que eres alguien muy especial! ¿Por qué? Porque decidiste leer este libro. Al considerar su título, se pone en evidencia tu deseo de amar a Dios con todo tu corazón. Este libro está lleno de información y de formas prácticas para enseñarte a cumplir el deseo de tu corazón: ¡cómo llegar a ser más como Jesús! Al empezar nuestro viaje juntas, algunas cosas lo harán aun más dulce.

Abre tu libro... ¡y disfrútalo! Aquí tienes todo lo que necesitas. He intentado que sea conveniente para ti como joven ocupada. En mi mente, te imaginé leyendo este libro en tu cama, en una litera de campamento, en tus vacaciones familiares, en una tumbona mientras tomas sol cerca de la piscina, incluso en la biblioteca después de terminar con tu tarea. Disfruta tu libro, llévalo contigo y deja que la Palabra de Dios te instruya.

Abre tu corazón... a tus amigas. Anímalas a que también consigan sus libros. Entonces cada una estará creciendo, lo cual significará que sus amistades crecerán en la dirección adecuada: en las cosas del Señor. Una mujer temerosa de Dios necesita a otras mujeres temerosas de Dios como amigas. Así que invítalas a que se unan a ti.

Abre tu corazón... y mira a tu alrededor. ¿Hay algunas chicas que no conozcas muy bien en la escuela, o en el vecindario, o quizá donde trabajas, a las que puedas invitar a unirse a tu estudio? ¿Chicas que necesiten al Salvador? ¿Que necesiten algo de guía en sus vidas? ¿Que necesiten un amigo? Susurra una oración a Dios, sé audaz y extiende una mano e invita a alguien que te gustaría conocer mejor a reunirse contigo.

Abre tu corazón... a los temas de los que habla este libro. Son justo lo que necesita toda chica. Te darán la sabiduría de Dios y dirección para tus pensamientos, palabras y obras... y para tu caminar con Él.

Abre tu corazón... al Espíritu Santo a través de la oración. Pídele que ilumine la Palabra de Dios, que te ayude a comprender su plan para que disfrutes su presencia en ti. Deja que transforme tu vida en algo maravilloso.

Abre tu corazón... ¡y sueña! Sueña con la mujer que anhelas ser: una mujer que camina junto a Jesús todos los días, en todo sentido.

¡Es la oración de mi corazón que los contenidos de este libro especial te alienten, te emocionen, te instruyan y te inspiren a seguir con pasión las pisadas de Jesús!

En su grande y maravilloso amor,

Elizabeth George

Cómo logras que todo comience

Vivo en el estado de Washington. Y nunca lo hubiera soñado, pero justo en el jardín del frente de mi casa hay un manzano. Eso significa que puedo ver el proceso de Dios para la producción milagrosa de manzanas de principio a fin todos los años. Aunque, créeme, ¡sé muy bien el trabajo que nos lleva a mi esposo y a mí hacer nuestra parte para mejorar y aumentar una cosecha de manzanas! Cuidamos, fertilizamos, regamos, podamos, guiamos, fumigamos y protegemos a este árbol... y nuestros esfuerzos sí que han valido la pena.

Cuando pienso en nuestro maravilloso manzano, no puedo evitar pensar en el fruto de nuestra vida como mujeres cristianas, sin importar cuál sea nuestra edad. ¿Debiéramos prestarle menos atención a nuestra propia falta de fruto, en nuestro caso, del tipo espiritual, que la que Jim y yo le prestamos a un manzano? ¿No debiéramos estar cultivando en forma activa el fruto del Espíritu en nuestras vidas a fin de reflejar la gloria de Dios y la belleza de Cristo? Entonces, ¿qué podemos hacer con exactitud a fin de que comience a crecer el fruto espiritual? ¿Qué pasos prácticos podemos dar para organizarnos y ser más semejantes a Jesús?

Averigüemos acerca del fruto del Espíritu

Bueno, así como estudié para aprender más acerca de mi manzano y del fruto que produce, tú y yo necesitamos estudiar la Palabra de Dios para entender mejor el fruto del Espíritu Santo y cómo crece. Ahora, toma tu bolígrafo favorito e interactúa con estas verdades de la Biblia. Y si no es un buen momento, ya sabes, si no tienes un bolígrafo, estás en el autobús o te estás preparando para apagar la luz y obtener algo de todo el sueño que necesitas, solo lee por ahora.

Una palabra de la Palabra de Dios acerca del fruto...

- La palabra «fruto» se usa a lo largo de la Biblia para referirse a la evidencia reveladora de lo que hay dentro de una persona. Si lo que hay dentro es bueno, el fruto de la vida de esa persona será bueno. Pero si lo que hay dentro está podrido, el fruto de la vida de esa persona será malo. Eso es lo que enseñó Jesús cuando dijo:

> *Si tienen un buen árbol, su fruto es bueno; si tienen un mal árbol, su fruto es malo. Al árbol se le reconoce por su fruto [...] El que es bueno, de la bondad que atesora en el corazón saca el bien, pero el que es malo, de su maldad saca el mal* (Mateo 12:33, 35).

¿Qué clase de fruto has visto en tus acciones en los últimos tiempos?

- Cualquiera que haya recibido a Jesús como Salvador y Señor y que tenga a Cristo viviendo dentro de sí, llevará buen fruto. Estará «*lleno del fruto de justicia que se produce por medio de Jesucristo, para gloria y alabanza de Dios»* (Filipenses 1:11). ¿Cómo crees que mostrar el fruto de la justicia trae gloria y alabanza a Dios? ¿Y de qué maneras el fruto que llevas les ha mostrado a los demás cómo es Jesús?

• El fruto del Espíritu se ha descrito como «esos hábitos misericordiosos que el Espíritu Santo produce en los cristianos»[1]. En Gálatas 5:22-23, el apóstol Pablo hace una lista de estos «hábitos misericordiosos»: *«el fruto del Espíritu es amor, alegría, paz, paciencia, amabilidad, bondad, fidelidad, humildad y dominio propio».* Los nueve frutos aparecen juntos y conforman nuestro caminar con Dios. Se parecen a un cable de luces navideñas: hay uno en serie con muchas luces que se prenden todas a la vez cuando se conectan al enchufe eléctrico. No obstante, si se rompe una bombilla, toda la línea se apaga. Así se produce el fruto de Dios en nuestras vidas. No puede faltar ninguno, y todos deben ser evidentes, deben estar encendidos, para que sea el fruto de Dios. Cuando recuerdas tus acciones de hoy, ¿faltaron algunos de estos hábitos espirituales? ¿Qué debes hacer para «enchufarte a Dios», la fuente de poder, una vez más?

«*Entonces, ¿qué puedo hacer*»

Estoy segura de que quieres que el fruto de Dios marque tu vida, que te haga hermosa desde adentro hacia fuera. Si es así, es probable que te preguntes: «Entonces, ¿qué puedo hacer? ¿Cómo puedo lograrlo? ¿Qué necesito para lograr que marche, para que este asunto del fruto espiritual comience a funcionar?».

Bueno, en primer lugar, hay algo que no puedes hacer. No puedes pensar: *Quizá si hago un mayor esfuerzo...* No, Jesús enseña que el esfuerzo personal no es la respuesta. El fruto del Espíritu solo puede producirse cuando nos rendimos a Dios y le permitimos a su Espíritu que obre en nosotras a medida que avanzamos a través de los acontecimientos y tropiezos que nos trae cada día la vida.

Luego, recuerda que los frutos del Espíritu funcionan como uno. Son como un reloj que contiene muchas partes. A un reloj se le puede separar para limpiar y reparar, pero cada parte debe volver a colocarse en su lugar para que funcione. En este libro, tomaremos e inspeccionaremos cada fruto del Espíritu por separado. Entonces veremos cómo funcionan todos juntos para presentar un todo, como un reloj.

Hay algo más que puedes hacer. Debes darte cuenta de que, como un todo, las nueve características del fruto del Espíritu se producen de la misma manera. Todo lo que se dice de una característica es verdad para las otras ocho. Son el mismo fruto, entretejido y relacionado entre sí. Y se producen a medida que miramos a Dios.

Por último, ni por un segundo olvides la batalla que se libra entre tu carne y el Espíritu. En Gálatas 5:17 aprendemos que la naturaleza pecaminosa «desea lo que es contrario al Espíritu, y el Espíritu desea lo que es contrario a ella. Los dos se oponen entre sí, de modo que ustedes no pueden hacer lo que quieren». Tú y yo enfrentaremos esta lucha: la lucha entre la carne y el Espíritu... hasta el día en que muramos. Sin embargo, gracias a Dios, cuando caminamos o vivimos «por el Espíritu, no [seguiremos] los deseos de la naturaleza pecaminosa» (versículo 16). Tendremos victoria sobre la carne (nuestro cuerpo y sus deseos) cuando caminemos por el Espíritu.

Entonces, ¿qué significa caminar por el Espíritu? En términos claros, caminar por el Espíritu significa:

Vivir cada minuto a la manera de Dios: obedeciéndole.
Procurar agradar a Dios con...
   los pensamientos que decidimos pensar,
   las palabras que optamos decir, y
   las acciones que elegimos realizar.
Dejar que Dios nos guíe a cada paso del camino.
Dejar que Dios obre en nosotros a fin de que podamos traerle gloria.

Descubre el secreto para caminar con Dios

¿Te das cuenta? ¿Lo vas entendiendo? Solo cuando caminamos por el Espíritu de Dios podemos mostrar a Cristo en nuestra vida. Y solo cuando «permanecemos» en Cristo, Dios nos da la gracia para hacerlo. Mi amiga, este es el secreto para caminar con Dios. Debemos permanecer en Cristo. Jesús dijo en Juan 15:4-5:

Permanezcan en mí, y yo permaneceré en ustedes. Así como ninguna rama puede dar fruto por sí misma, sino que tiene que permanecer en la vid, así tampoco ustedes pueden dar fruto si no permanecen en mí. Yo soy la vid y ustedes son las ramas. El que permanece en mí, como yo en él, dará mucho fruto; separados de mí no pueden ustedes hacer nada.

¿Qué tiene de importante? Solo al permanecer en Él, tú y yo podemos, como seguidoras de Jesús, llevar fruto (versículos 2, 4-5).

«Permanecer» significa
«un compañerismo continuo con el Señor»[2],
«morar en su compañía y someterse a su voluntad»[3], y
mantenerse en «contacto con Jesús [...] en contacto constante»[4].

Aquí entra nuestra *obra*. Al igual que todo lo que *hago* para ayudar a mi manzano, hay un par de cosas que puedes *hacer* para ayudarte a permanecer en Cristo. Llamémosles «impulsores del fruto». Estos cuatro pasos prácticos, cosas que puedes *hacer*, te ayudarán a estar en contacto constante con Jesús, a permanecer en Él, a quedarte cerca de Jesús y a morar en Él como Él mora en ti.

1. *Involúcrate en la Palabra de Dios*: Un maestro de la Biblia explica: «Permanecer no se puede sostener [sin] [...] darles a las palabras de Cristo una posición [de reinado] en el corazón (comp. Colosenses 3:16)»[5]. Así que... sé diligente en cuanto a pasar tiempo con la Palabra de Dios. Hazte un hábito de meterte en tu Biblia, leerla, estudiarla y meditar en ella con regularidad. No solo cumplas con las formalidades. En su lugar, esfuérzate para hacer que tu tiempo con la Palabra de Dios sea completo y significativo.

2. *Aparta tiempo para la oración*: La oración es indispensable para caminar con Dios. Hace un tiempo leí que «ninguna bendición de la vida cristiana se transforma en una posesión continua a menos que seamos hombres y mujeres que persisten en forma regular, diaria, tranquila y secreta en oración»[6].

Aquí tienes una pregunta: ¿Los demás (tu familia y amigos, maestros y otros estudiantes) te describirían como una persona «que persiste en forma regular, diaria, tranquila y secreta en oración»? Haz lo que tengas que hacer para lograr que la oración sea una conexión vital entre tú y Dios. A través de la oración aprendes más acerca de Dios, de su corazón y de sus propósitos. Para permanecer en Cristo y ser una mujer que camina con Dios, haz todo lo posible para desarrollar tu vida de oración. (Y una cosa más, para aprender más acerca de la oración, lee mi libro *El llamado de una joven a la oración*[7]. ¡No hay nada de lo que no puedas hablar con Dios!).

3. *Haz lo que pide Dios*: Tu oración al despertar cada mañana debiera ser para tomar decisiones que honren a Dios y a su Palabra, ¡para amar a Dios en verdad! Jesús dijo: «Si obedecen mis mandamientos, permanecerán en mi amor, así como yo he obedecido los mandamientos de mi Padre y permanezco en su amor» (Juan 15:10). En otras palabras, al guardar los mandamientos de su Padre, Jesús se mantuvo cerca de Él y nos dio un modelo para obedecer los mandamientos de Dios.

4. *Dale tu corazón a Jesús*: Antes que nada... o que nadie... pueda crecer, debe estar vivo. Por lo tanto, hazte una pregunta sencilla: ¿Estoy viva espiritualmente?

En Romanos, leemos que

— *«todos han pecado»* (3:23), que
— *«la paga del pecado es muerte»* (6:23), y que
— *«Dios demuestra su amor por nosotros en esto: en que cuando todavía éramos pecadores, Cristo murió por nosotros»* (5:8).

Esto significa que tú y yo somos pecadoras (¡de eso no hay duda!), por lo cual merecemos la pena de muerte, pero Jesús se hizo cargo de nuestro pecado y murió en nuestro lugar. Como preguntan las palabras de un himno: «¡Maravilloso amor! ¿Cómo puede ser, que tú, mi Dios, fueras a morir por mí?»[8]. ¡Piénsalo!

Cómo logras organizarte

Aquí tienes otra pregunta a medida que te acercas a organizarte: ¿Has aceptado la maravillosa verdad de la muerte de Cristo a tu favor y hecho a Jesús tu Salvador y el Señor de tu vida? ¿Le has dado a Jesús tu corazón? De la manera que instruye la Biblia: «Si confiesas con tu boca que Jesús es el Señor, y crees en tu corazón que Dios lo levantó de entre los muertos, serás salvo» (Romanos 10:9). Antes de que puedas experimentar cualquier crecimiento espiritual, esta semilla de fe en Jesús debe echar raíces en tu corazón y en tu vida.

Así que... ¿estás viva?

Solo hay tres respuestas posibles: *no, no estoy segura* y *sí*.

Primera respuesta: No. Si tu respuesta fue no, si no has aceptado a Jesús como Señor y Salvador, puedes comenzar a caminar con Dios y a crecer con Él ahora mismo al orar de todo corazón con palabras como las siguientes. Este es el primer paso hacia la organización de tu vida.

Jesús, sé que soy pecadora. Quiero arrepentirme de mis pecados, cambiar y seguirte a ti. Creo que moriste por mis pecados y que volviste a levantarte con victoria sobre el poder del pecado y la muerte, y quiero aceptarte como mi Salvador personal. Ven a mi vida, Señor Jesús, y ayúdame a obedecerte desde este día en adelante.

Segunda respuesta: No estoy segura. Si no estás segura de si la semilla de fe ha echado raíces en tu corazón, tal vez quieras decir una oración para volver a comprometerte. Tu oración podría ser algo así:

Jesús, sé que en el pasado te invité a mi vida. En ese momento, pensaba que era tu hija, pero mi vida no ha mostrado el fruto de mi creencia. Como una vez más escucho tu llamado, quiero comprometerme de verdad contigo como el Señor y el Amo de mi vida.

O quizá la siguiente oración cuadre mejor a tus circunstancias:

Querido Señor Jesús, sé que en el pasado te invité a mi vida. Quiero ser tu hija, creo y espero ser tu hija, pero quiero *saber* que lo soy. Señor, dame la seguridad de que tengo vida eterna por medio de ti debido a tu muerte en la cruz por mis pecados.

No importa lo que hagas, si no estás segura del lugar en el que estás con Dios, díselo ahora mismo con una oración muy personal. No te preocupes por las palabras. Solo comunícale lo que hay en tu corazón. Después de todo, Dios te ama y ya conoce tu corazón. Él quiere estar cerca de ti.

Tercera respuesta: Sí. Por último, si tu respuesta fue, o si ahora puedes responder: «¡Sí Sé que estoy viva en Cristo ahora y para siempre!», toma unos momentos para darle gracias a Dios y alabarlo por todo lo que Jesús ha hecho por ti. Realiza un nuevo compromiso de caminar con Jesús en obediencia, de caminar por el camino de un mayor crecimiento.

La respuesta del corazón

La oración de mi corazón es que Dios use lo que hay en este libro para inspirarte a crecer en la gracia de Dios, para que cambies en verdad. ¿Ese es también el deseo de tu corazón? Entonces mi oración es que te sientas impulsada a entregarte por completo a Cristo. Que no busques otra cosa que no sea seguirlo a Él, caminar con Dios.

Cosas para hacer hoy y comenzar a organizarnos

En los capítulos siguientes obtendrás una lista de «Cosas para hacer hoy» para comenzar a mejorar en cada fruto del Espíritu. En este capítulo, haz tu propia lista. Dale una mirada rápida a este capítulo y escribe tres cosas que puedes hacer hoy para acelerar tu caminar con Dios. Asegúrate de escribir con exactitud el momento en el que harás estas cosas.

1.

2.

3.

¿Te gustaría saber más acerca de caminar en el Espíritu? ¡Echa un vistazo!

✓ ¿Cuál es el llamado de Dios para ti en Gálatas 5:16?

¿Cuál será el resultado en el caso de que sigas esta instrucción?

✓ De acuerdo con Gálatas 5:17, ¿con qué conflicto viven los creyentes?

Da uno o dos ejemplos específicos de tu lucha en esta esfera.

✓ Realiza una lista de las «obras de la naturaleza pecaminosa» mencionadas en Gálatas 5:19-21.

Marca las que te traigan más luchas.

✓ Ahora, anota los frutos del Espíritu mencionados en Gálatas 5:22-23.

¿En qué se diferencian de las «obras de la naturaleza pecaminosa»?

✓ Lee Juan 15:1-8. Luego repasa la sección titulada «Descubre el secreto para caminar con Dios» y establece un plan de acción que te ayude a permanecer en Cristo esta semana. No te olvides de ser específica en cuanto al momento y la manera en que llevarás tu plan adelante.

Cómo logras
las actitudes adecuadas

2

Un corazón que ama

El fruto del Espíritu es amor.
Gálatas 5:22

Creo que nadie, ¡al menos ninguna mujer!, olvida una boda. Todavía puedo recordar con claridad la ceremonia de bodas de mi hija Courtney. Luego de un torbellino de actividades, la familia y los amigos se me unieron para mirar cómo una Courtney radiante y segura de sí misma caminaba en forma majestuosa por el pasillo de nuestra iglesia del brazo de su papá. Pronto, Jim se cambió el sombrero de papá al de pastor y convocó a Courtney y a su amado Paul a realizar un compromiso formal de amarse durante el resto de sus días, de amarse con el amor de Cristo.

Sí, pensé mientras estaba sentada en el banco de la iglesia, *es la intención de Dios para esta boda y para toda la vida: el amor cristiano. Le pide a la novia y al novio que se amen el uno al otro. También le pide a cada uno de sus hijos que amen a sus padres y a sus abuelos, a sus hermanos y hermanas, tíos y tías, amigos y enemigos.*

Averigüemos un poco más acerca del amor

No podemos leer demasiado en el Nuevo Testamento sin darnos cuenta de que el amor es importante para Dios. Toma tu bolígrafo y anota lo que aprendes acerca del amor en estos pasajes.

✎ *Una palabra de la Palabra de Dios acerca del amor...*

* «Lleven una vida de amor»: Efesios 5:2

* «[Ámense] los unos a los otros»: Juan 15:12

* «Ama a tu prójimo»: Mateo 22:39

* «Amen a sus enemigos»: Lucas 6:27

Como una hija de Dios, debes amar a los demás de acuerdo al modelo que ves en Dios y su Hijo. ¿Cómo te ha amado Jesús del mismo modo? ¿Y cómo es la clase de amor que se supone que debes darles a los demás? La Biblia viene a tu rescate y te proporciona principios que te ayudan a comprender el amor cristiano. Ahora, mira cinco de estos.

Primer principio: El amor es un acto de la voluntad

Todos los frutos del Espíritu requieren decisiones, y el amor no es la excepción. Es difícil amar bajo condiciones estresantes, pero así es con exactitud la manera en que se vive la mayor parte de la vida, ¿no es así? Por ejemplo, no sé cuál es tu caso, pero en el mío en especial necesito amor cuando estoy cansada, cuando estoy sufriendo de alguna manera, cuando estoy herida o cuando me siento cargada. En momentos como estos, casi nunca me siento capaz de amar a otras personas. En esos momentos, según estoy aprendiendo, hace falta activar la voluntad si quiero mostrar el amor hacia los demás. Verás, el amor cristiano es un acto de la voluntad: un esfuerzo deliberado que podemos hacer solo por la gracia de Dios. Así que escogemos...

- dar amor cuando queremos abstenernos,
- extender nuestra mano a los demás cuando estamos cansadas y queremos descansar,
- servir cuando queremos que nos sirvan, y
- ayudar a los demás cuando estamos sufriendo.

¡Gracias al Señor por la gracia de Dios! Esta clase de amor solo viene de Dios, que nos lo da para pasárselo a los demás. Durante un minuto, piensa en estos actos deliberados de amor. Es más, saca tu bolígrafo y anota tus pensamientos acerca de los casos que vienen a continuación.

✎ *Una palabra de la Palabra de Dios acerca del amor...*

- «*Tanto amó Dios al mundo, que dio a su Hijo unigénito*» (Juan 3:16);

- «*El Hijo del hombre no vino para que le sirvan, sino para servir y para dar su vida*» (Mateo 20:28);

- Jesús «*se hizo el firme propósito de ir a Jerusalén*» (Lucas 9:51), donde moriría por nosotros.

Dar, servir, ir a Jerusalén, morir en una cruz. Estos actos de amor son actos de la voluntad, no un resultado de los sentimientos. Debemos recordar que solo al mirar a Dios en busca de su amor podemos obtener la actitud adecuada (una actitud como la de Él) y mostrar corazones de amor.

Segundo principio: El amor es acción, no solo palabras

El amor también es algo que hacemos, no solo las palabras que decimos. Se supone que además de hablar, debemos hacer algo. Sin embargo, actuar en amor no siempre es sencillo. Como cualquier mujer, joven o adulta, sabe que se cansa y aún tiene trabajo o tarea para hacer, que tiene que seguir ayudando en casa, cuidar a hermanos menores, lavar la ropa, o asistir a un trabajo de medio tiempo; el amor significa que aun cuando estemos exhaustas y no veamos la hora de sentarnos y no hacer nada, hacemos nuestro trabajo, servimos y ayudamos a los demás. Verás, el amor tiene trabajo para hacer, y el amor lo hace. El amor entra en acción, incluso cuando hacerlo requiera un esfuerzo agotador. Tenemos el llamado a amar, no solo con palabras o con nuestra lengua, sino «con hechos y de verdad» (1 Juan 3:18).

¿Te das cuenta de que todos en tu familia te dan la oportunidad de colocarte las ropas de trabajo del amor y del servicio? Y el amor también tiene trabajo para hacer en la escuela... o en tu trabajo... o en la iglesia... ¡o en cualquier lugar en el que haya gente! Así que levántate las mangas y desafíate a realizar la labor del amor. Demuestra el amor de Dios, no solo con tus palabras y actitudes, sino también con tus acciones.

Tercer principio: El amor se extiende a los difíciles de amar

¿No te resulta sencillo amar a «los fáciles de amar», a las personas buenas y dulces que dicen «¡gracias!» cuando haces algo por ellas? ¿Las que te aprecian y son amables contigo? Aun así, cuesta mucho más amar a los que son difíciles de amar. A las personas que son malas y molestas y que son un verdadero desafío en lo que se refiere al amor.

Sin embargo, es justo lo que te llama a hacer Jesús. Él dijo: «Amen a sus enemigos y oren por quienes los persiguen». Cuando lo haces, te pareces a nuestro «Padre que está en el cielo. Él hace que salga el sol sobre malos y buenos, y que llueva sobre justos e injustos» (Mateo 5:43-45).

¿Te das cuenta? Dios espera que ames a los que son difíciles de amar de la misma forma en la que lo hace Él (¡como lo hace cuando nos ama a ti y a mí!). El amor de Dios nunca es merecido... solo existe. Y es la clase de amor que debes mostrarles a tus enemigos y a tus amigos, a los que son difíciles de amar y a los que son fáciles de amar. Solo el Espíritu Santo obrando en tu vida puede ayudarte a amar como Jesús. Ahora, ¡esa es la actitud adecuada!

Cuarto principio: Necesitamos que Dios nos ayude a amar

Necesitamos la ayuda de Dios para cada uno de los frutos del Espíritu y el amor no es una excepción. Dependemos de Dios para el amor. ¡Y sí que lo necesitamos para los que son difíciles, para las personas que nos cuesta amar! Es algo así: Jesús dijo que es natural amar a los que nos aman (Lucas 6:32-33). No obstante, amar a los que nos odian es *sobrenatural*. Es natural odiar a nuestros enemigos, pero como cristianas tenemos el llamado a lo *sobrenatural*: amar a nuestros enemigos (Lucas 6:35).

Piénsalo: El amor «significa que sin importar lo que un hombre nos haga por medio de insulto o agravio o humillación, nunca buscaremos nada [...] que no sea lo mejor, incluso para los que buscan lo peor para nosotros»[1]. Amiga, solo Dios puede ayudarnos a servir a la persona misma que nos insulta, que nos desdeña o que nos hiere. Y su amor está allí mismo, listo para que tú lo des. (¡Y recuerda que esos que más nos cuesta amar son casi siempre los que más lo necesitan!).

Quinto principio: El amor no espera nada a cambio

¿Te encuentras con que cuando eres amable con alguien esperas que esa persona lo sea contigo? Sin embargo, Jesús nos dice que hagamos bien a los demás «sin esperar nada a cambio» (Lucas 6:35). Amar como Dios ama significa amar sin ninguna expectativa de recompensa. Significa amar como Jesús nos amó: «Este mandamiento nuevo les doy: que se amen los unos a los otros. Así como yo los he amado, también ustedes deben amarse los unos a los otros» (Juan 13:34).

Definamos el amor: El amor es «el sacrificio de mi persona»

Según revelan estos cinco principios de amor bíblico, el amor es *el sacrificio de mi persona*. Esta definición sencilla cristaliza lo que enseña la Biblia acerca del amor. El amor se explicó de la siguiente manera: «El amor no es un sentimiento. Es un acto de sacrificio. No necesariamente se trata de un sentimiento de amor hacia una persona en particular. Tal vez no haya ningún sentimiento en conexión con él (Romanos 5:8). Dios siempre define el amor bíblico en función del sacrificio»[2]. Entonces, es evidente que como el amor es el sacrificio de nuestra persona,

El amor implica esfuerzo, no solo emociones.

El amor requiere acción, no solo sentimientos.

El amor es algo que hacemos, no algo que solo sentimos o decimos.

¿Cómo estás cuando se habla de amar a otros al renunciar a algo de tu persona? Al acudir al Espíritu de Dios para que te otorgue el poder para dar su clase de amor, ora junto con San Francisco de Asís: «Oh, Divino Maestro, permite que no busque tanto ser amado [...] como amar».

Vive el amor

Cuando se trata del amor, me ayuda ver mi llamado a vivir el amor como una tarea de parte de Dios de amar a cualquiera y a todos los que ponga en mi camino. Se parece al cuidado que les doy a las flores que están junto a mi puerta de entrada. Son lo primero que veo en la mañana cuando abro la puerta, y en general, se ponen mustias y desplomadas en el portal. Una mirada me dice que necesitan agua con desesperación. Así que todos los días, saco mi balde para regar, voy hasta la llave de agua, lleno el balde y les llevo agua a esas pobres florcitas. Verás, si no reciben agua, morirán.

A través de los años he mantenido lo que llamo mi «brigada del balde». Sé que si no lleno mi balde en la llave de agua y les doy a mis flores el agua de vida, se morirán. No necesariamente siento el deseo de regarlas, pero lo hago de todas maneras. Actúo sobre la base de mi voluntad, no de mis sentimientos. Tomo una decisión y me esfuerzo para darles agua a las flores y mantenerlas vivas.

Tú y yo podemos ver el desafío de amar a las personas que Dios pone en nuestro camino de la misma manera que yo veo el cuidado de mis flores. Tal vez no sintamos deseos de amarlas. Con todo, cuando le permitimos a Dios que nos llene con su amor que da vida, podemos llevar su amor a otros y derramarlo en sus vidas. El amor no es nuestro, es de Dios. Así que, cuando nos presentamos vacías ante Él, la fuente del amor, y Él nos llena, somos capaces de mostrarles su amor a personas sedientas y necesitadas. Entonces, Dios puede transmitir su amor a los demás a través de nosotras.

Y lo confieso: ¡tengo mis días difíciles! Aun así, en los días difíciles, cuando me seco con frecuencia, vuelvo a Dios una y otra vez para que pueda llenarme sin cesar con su amor por las personas que encuentre. Por ejemplo, cuando le ofrezco un saludo amable a una mujer que no responde, mi carne dice: «Bueno, si eso es lo que recibo por ser amable, ¡olvídalo!». A pesar de eso, sé que es justo ahí cuando necesito correr hacia Dios y dejar que vuelva a llenarme con su amor por esa mujer, a fin de que pueda mostrárselo a ella. Es alguien a quien Dios quiere mostrar su amor, y puedo dejar que lo haga por medio de mí, ¡puedo dejar que yo sea la vasija que lleve su amor hasta ella! Es maravilloso, ¿verdad?

La respuesta del corazón

Por favor, asegúrate de pasar algún tiempo orando a Dios en busca de amor. Confiésale todos tus pensamientos de falta de amor acerca de cualquier persona difícil de amar que haya puesto en tu vida. Reconoce cualquier actitud errónea hacia los demás. Y pídele ayuda para lograr la actitud adecuada: una actitud de amor... ¡su amor! Pídele a Dios que te permita hacer lo siguiente: «Amen a sus enemigos, hagan bien a quienes los odian, bendigan a quienes los maldicen, oren por quienes los maltratan» (Lucas 6:27-28). Dios quiere hacer eso por ti. Solo tienes que disponerte para recibir de parte de Él su infinita provisión de amor que da vida y que cambia vidas.

Cosas para hacer hoy y caminar en amor

1. Comienza a amar a las personas que Dios pone en tu camino, al amar primero a los que están en tu hogar. Como dice el dicho: «¡Lo que eres en tu casa es lo que eres!». Así que sé una mujer que camina en el amor de Dios... en casa.

2. Ve a Dios a lo largo del día para buscar una provisión fresca de su amor para compartir. Cuando veas el primer indicio de disminución de amor, mira al Señor del amor.

3. Recuerda que tu tarea de parte de Dios es servir (Gálatas 5:13).

4. Recuerda a Jesús, que «no vino para que le sirvan, sino para servir y para dar su vida en rescate por muchos» (Mateo 20:28).

*¿Te gustaría saber
más acerca de caminar en amor?
¡Echa un vistazo!*

✓ Lee 1 Corintios 13:4-8a. ¿Qué parte del amor te resulta más difícil poner en práctica?

Debido a que llevar fruto implica algún esfuerzo de tu parte, ¿qué pasos darás esta semana a fin de superar esa dificultad?

✓ De acuerdo con 1 Juan 4:7-8, ¿quién es la fuente de amor?

¿Qué dicen los versículos 20 y 21 de ese capítulo acerca de la manera en que podemos saber si alguien ama a Dios?

✔ ¿Qué enseña Romanos 5:5 acerca del amor?

¿Y Romanos 5:8?

✔ En tu vida, ¿quién es el más difícil de amar y por qué?

Al pensar en esta persona, lee las palabras de Jesús en Lucas 6:27-28. ¿Qué instrucciones específicas da Jesús aquí acerca de la persona que tienes en mente?

¿Qué harás esta semana para obedecer cada uno de los mandamientos de Jesús? ¡No olvides ser específica!

3

Un corazón alegre

El fruto del Espíritu es [...] alegría.
Gálatas 5:22

Un día, mi hija Katherine recibió una llamada telefónica poco común de un estudiante de negocios de su universidad. Había comenzado un pequeño negocio vendiendo anillos de compromiso a los muchachos del campus, y estaba realizando un catálogo en vídeo sobre diamantes y anillos de diamante. Steve tenía todo lo que necesitaba para crear su catálogo: los diamantes, un estudio, una cámara, las luces. Sin embargo, necesitaba una cosa más: un par de manos. Así que llamó para pedirle a Katherine si podía ir al estudio a fin de modelar sus anillos.

Por lo tanto, Katherine se presentó en el día acordado para la grabación. Cuando llegó al estudio, Steve preparó su cámara y las luces. Luego, abrió la caja de las joyas y sacó un paño de terciopelo negro que sirviera de telón de fondo para los diamantes. Luego de encender las luces del estudio, sacó los diamantes de su caja, uno por uno, para que los luciera Katherine.

Después, Steve le enseñó a Katherine a levantar con lentitud la mano, alejándola del fondo negro hacia la luz, mientras modelaba cada uno de los anillos. Steve le explicó: «Cuando un anillo se coloca contra un fondo oscuro, la oscuridad hace que parezca más brillante. Y cuando un diamante se levanta hacia una luz, se revelan todas sus facetas y pueden brillar». Dijo: «Un diamante es bonito por sí solo, pero al colocarlo contra un fondo negro y al levantarlo contra la luz, se aumenta su resplandor y su gloria».

¡Vaya, vaya! ¡Qué imagen tan perfecta de la alegría! Es algo que no nos gusta escuchar, pero la verdadera alegría espiritual brilla mejor contra la oscuridad de las tribulaciones, la tragedia y las pruebas. Y cuanto más negro es el fondo, mayor es el resplandor. De la misma manera, las luchas oscuras de la vida hacen que la alegría cristiana sea más intensa y que nuestra alabanza sea más gloriosa. Como reflexionara un poeta: Dios «coloca en el dolor la joya de su alegría».

Averigüemos un poco más acerca de la alegría

¿Conoces el libro de Filipenses de la Biblia? Es una pequeña y brillante carta de alegría. Solo léela una vez y te darás cuenta de sus muchas referencias a la alegría, el siguiente regalo de gracia en la lista de Dios de los frutos del Espíritu. ¿Qué aprendemos acerca de la alegría de la Biblia, en especial de las más de setenta referencias del Nuevo Testamento que se hacen a ella? Es hora de tomar un bolígrafo o lápiz otra vez. ¡Te emocionará tomar notas mientras lees estas verdades y averiguas más acerca de la alegría!

✐ *Una palabra de la Palabra de Dios acerca de la alegría...*

- *La alegría es importante para Jesús*: Poco antes de su crucifixión, Jesús describió la relación especial que tendría con sus discípulos si permanecían en Él y en su amor. Terminó su conversación diciendo: «*Les he dicho esto para que tengan mi alegría y así su alegría sea completa»* (Juan 15:11). Jesús quería que sus discípulos conocieran la alegría del compañerismo con Él, la alegría al máximo.

- *La alegría es una expresión del temor de Dios*: Verás, la alegría es una señal segura de la presencia de Dios en nuestras vidas. Dicho de otra manera, nuestra alegría es «la alegría de Dios por medio de un cristiano»[1], «una alegría cuyo fundamento es Dios»[2]. Como hijas de Dios, tenemos grandes razones para estar alegres.

- *La alegría se experimenta en cualquier lugar y en cualquier momento*: ¿Cómo puede ser cierto? Porque, como nos dice Filipenses 4:4, este es nuestro deber: *«Alégrense siempre en el Señor».* La frase «en el Señor», señala la esfera en la que existe nuestra alegría. «En el Señor» es una esfera que no tiene nada que ver con nuestra situación. No, en cambio, está ligada del todo a nuestra relación con Jesús. Como llevamos nuestra relación con Jesús a cualquier parte que vamos, podemos experimentar la alegría en Él en cualquier lugar, en cualquier momento, sin importar lo que nos esté sucediendo.

Descubre tres buenas razones para estar alegre

Si esto no es suficiente para convencerte de la importancia del gozo, mira estas tres razones para estar alegre. Mantén tu bolígrafo a mano para tomar notas alentadoras para ti acerca de cómo tener un corazón alegre, una vida... o una semana... ¡o un día más feliz!

🖉 Una palabra de la Palabra de Dios acerca de la alegría

- *Primera razón: Tu alegría es permanente.* Como tiene sus raíces en tu Dios que no cambia, tu alegría es permanente. En Juan 16:22, Jesús dice que *«nadie les va a quitar esa alegría»*. Sin embargo, una cosa que puede quitarte la alegría que te da Dios es tu inconstancia en el caminar con Él. Por lo tanto, debes *«vivir por el Espíritu»* (Gálatas 5:16). El Espíritu Santo produce alegría en tu vida a medida que permaneces en Cristo y caminas en obediencia a sus caminos: a medida que caminas por el Espíritu.

- *Segunda razón: Tu alegría siempre está disponible.* Como está anclada en tu Dios fiel y siempre presente, tu alegría siempre está disponible. Es por eso que puedes alegrarte *«siempre en el Señor»* (Filipenses 4:4). No importan cuáles sean las circunstancias de tu vida, tienes acceso libre a la fuente de la verdadera alegría en cualquier momento que acudas a Dios.

- *Tercera razón: Tu alegría es también indescriptible.* De esa manera describió Pedro nuestra alegría en Jesús en 1 Pedro 1:8: *«Ustedes lo aman a pesar de no haberlo visto; y aunque no lo ven ahora, creen en él y se alegran con un gozo indescriptible y glorioso».* La alegría en el Espíritu es «una alegría que va más allá de las palabras»[3], «un anticipo de la alegría del cielo»[4], algo que no puede expresarse ni articularse por completo[5].

Sencillamente, ¡no hay manera de explicar por qué experimentamos alegría cuando nada en nuestra vida sugiere que debiéramos estar felices!

Definamos la alegría: La alegría es «el sacrificio de alabanza»

Pensar en la alegría como *el sacrificio de alabanza* me ayuda a cultivar la alegría en mi vida. Déjame explicarte. Cuando la vida es buena, la alabanza y la acción de gracias fluyen con facilidad desde mi corazón y mis labios. Sin embargo, cuando la vida se torna infeliz, la alabanza y la acción de gracias no fluyen con sencillez. En su lugar, debo *elegir* en forma deliberada seguir el consejo de Dios y dar «gracias a Dios en toda situación, porque esta es su voluntad para ustedes en Cristo Jesús» (1 Tesalonicenses 5:18). Aunque no *siento* deseos de alabar al Señor ni de darle gracias, *hago* lo que dice Dios, y ese esfuerzo transforma mi alabanza en sacrificio.

En momentos en los que preferiría regodearme en autocompasión o quedarme atascada en mi depresión, elegir mirar más allá de mi dolor transforma mi alabanza a Dios en sacrificio. Cuando elevo tal sacrificio de alabanza a Dios desde la oscuridad de mis tribulaciones, encuentro que la alegría del Espíritu aumenta en mi vida; así como levantar un diamante contra un fondo oscuro aumenta su resplandor.

¡Cuidado! La alegría no es un sentimiento

Aquí hay algo más que debes entender acerca de la verdadera alegría espiritual: no se trata de felicidad. No, la «felicidad» es un sentimiento, un estado de buena suerte y éxito relacionado a nuestras circunstancias. Si todo va bien, estamos felices, pero apenas aparece una nube oscura o algo que nos irrita, se esfuma nuestro sentimiento de felicidad.

Estoy segura de que eres consciente de que el dolor es un hecho de la vida. Contrario a nuestros deseos, las circunstancias fáciles no son lo normal en la vida. Jesús nos advirtió: «En este mundo afrontarán aflicciones» (Juan 16:33). Pablo explicó: «Serán perseguidos todos los que quieran llevar una vida piadosa en Cristo Jesús» (2 Timoteo 3:12). En medio de la realidad del dolor y el sufrimiento, la alegría de Dios es un regalo de gracia. Él nos da su alegría cuando nos enfrentamos a las dificultades, las tribulaciones, los problemas y las persecuciones de la vida. Aunque parezca mentira, esta alegría sobrenatural que se otorga por medio del Espíritu de Dios, trasciende todas las condiciones duras de la vida.

Como hija de Dios a través del nuevo nacimiento, puedes experimentar y disfrutar de la alegría de Dios, sin importar lo que te ofrezca la vida. Puedes ser feliz de verdad y de manera genuina... sin importar lo que suceda a tu alrededor. Esto se debe a que tu alegría como cristiana...

- no depende de las circunstancias, sino de las realidades espirituales de la bondad de Dios, de su amor incondicional por ti y de su victoria final sobre el pecado y las tinieblas.

- no se basa en tus esfuerzos, en tus logros, ni en tu fuerza de voluntad, sino en la verdad acerca de tu relación con el Padre por medio del Hijo.

- no es solo un sentimiento, sino el resultado de optar por mirar más allá de lo que parece ser verdad en tu vida, hacia lo que es verdad acerca de tu vida en Cristo.

A esta altura, estoy segura de que puedes ver que tu alegría espiritual no es una experiencia que proviene de circunstancias favorables, sino que es una sensación de bienestar que permanece en el corazón de la persona que sabe que todo está bien entre ella y el Señor[6].

Las fuentes de la alegría

Así como vamos vacías a Dios para que nos llene con su amor, también acudimos a Él, la fuente de la verdadera alegría, cuando nos sentimos vacías de alegría cristiana. Aquí tienes cinco razones por las cuales puedes tener esa alegría de su parte. Mientras las miras, toma tu bolígrafo y responde desde tu corazón a las preguntas.

Primera razón: Dios mismo es la fuente principal de tu alegría. El salmista revela el deseo de su corazón de llegar «al altar de Dios, del Dios de mi alegría y mi deleite» (Salmo 43:4). ¿Piensas en Dios como en tu «extrema alegría»? ¿Acudes a Él, que vive en tu corazón, para buscar alegría? Dios, la única fuente de verdadera alegría, quiere darte su alegría. Lo único que necesitas hacer es acudir a Él para recibirla. ¿Qué puedes hacer para acudir a Él?

Segunda razón: La salvación de Dios. Estoy segura de que te has dado cuenta de que cuando las personas cuentan cómo se hicieron cristianas, no pueden evitar contar la historia de manera feliz. Isaías, por ejemplo, no pudo contener su alegría cuando pensó en todo lo que Dios había hecho por él. Escribió: «Me deleito mucho en el SEÑOR; me regocijo en mi Dios. Porque él me vistió con ropas de salvación y me cubrió con el manto de la justicia» (Isaías 61:10). Así que piensa en todo lo que Dios ha hecho por ti. Pagó un alto precio para obtener tu salvación a través de la muerte de su Hijo. ¡No puede haber una alegría mayor que saber que vivirás con Dios para siempre! Siéntete en libertad de expresar tu alabanza ahora.

Tercera razón: Las promesas de Dios. Cuando mis hijas crecían, nuestra familia tenía un pequeño recipiente plástico en forma de pan de molde en la mesa del desayuno. Cada una de las tarjetas en esa caja tenían impresa una promesa de la Biblia. Cada mañana, uno de nosotros cerraba los ojos, extendía la mano, sacaba una promesa y la leía como parte del devocional familiar. Más tarde, durante la cena, hablábamos acerca de esa promesa para el día y de cómo habíamos visto la fidelidad de Dios con respecto a su Palabra desde el desayuno.

¿Sabías que tu Biblia es como ese pan de molde de plástico? Está llena de promesas, ¡tantas como (de acuerdo a un cálculo) ocho mil![7] Anota una o más de tus promesas favoritas. ¿Cuán a menudo las recuerdas, las consultas y las utilizas para alentar tu corazón? ¿Y cómo te trae alegría al corazón recordarlas? Si en este momento estás luchando con algo, acude al tesoro de las preciosas promesas de Dios. Encuentra alegría en ellas.

Cuarta razón: El reino de Cristo. El hecho de que a nosotras, que hicimos a Jesús nuestro Salvador y Señor, nos han dado la bienvenida a su reino, les produce gran alegría a los ángeles. «Así mismo se alegra Dios con sus ángeles por un pecador que se arrepiente» (Lucas 15:10). Escuchar que otras personas aceptan a Cristo debiera evocar alegría en ti también. Pablo y Bernabé iban de pueblo en pueblo describiendo la salvación de los gentiles. ¿Cuál era el resultado? Provocaba una gran alegría entre todos los hermanos (Hechos 15:3).

¿Necesitas una dosis de alegría? Pasa algunos minutos recordando tu propia entrada al reino de Dios. Escribe algunos de los detalles de ese maravilloso día aquí. Y si todavía no has probado esa alegría celestial, revisa de nuevo las páginas 18 a la 20. Tal vez hoy quieras decir una de las oraciones que están allí desde tu corazón.

Amiga y hermana, la alegría del Señor está disponible para ti a toda hora, los siete días de la semana, todos los días, ¡sin importar por lo que estés pasando! ¿Quieres alegría? Todo lo que debes hacer es concentrarte en Dios; no en tu melancolía, en tu vida dura, en el momento difícil que alguien te hizo pasar, ni en el próximo examen. Solo concéntrate en Dios, en lo eterno y no en lo temporal. Experimentas la alegría *del* Señor cuando acudes *al* Señor y encuentras tu alegría *en* el Señor. La verdadera alegría (la alegría espiritual) solo se encuentra en las cosas de Dios. Pídele a Dios su gracia. Pídele que te ayude a recordar acudir a Él en momentos de necesidad para que te llene con su alegría.

La respuesta del corazón

Aquí tienes un hecho de la vida: Hasta que estemos con el Señor, siempre habrá sufrimiento. Entonces... ¿qué tribulación te está causando el mayor sufrimiento, el dolor más agudo, la pena más profunda hoy? ¿Se trata de la desilusión, de un sueño roto, de un desastre, de una incapacidad? ¿Se trata de burlas o de persecución? ¿De alguna dificultad dentro de tu familia? ¿De alguna relación tensa o de un futuro incierto al mirar por el camino de la vida?

No importa cuál sea tu mayor prueba hoy, deja que te lleve a acudir a Dios en busca de su alegría. Deja que te lleve a ofrecerte a Él como sacrificio de alabanza y a permitir que Él te toque, la única fuente de la verdadera alegría. Tu corazón se puede llenar de alegría genuina, alegría espiritual, cuando caminas con Dios a través de las pruebas, en alabanza a Él con cada paso y aliento que das. ¡Esa es una actitud de alegría!

Cosas para hacer hoy y caminar en alegría

1. Identifica la prueba que te produce el mayor dolor. Anótala aquí:

2. Copia Hebreos 13:15 de tu Biblia. Luego, ofrece a Dios el sacrificio de tu alabanza con respecto a tu situación desoladora... aun si la ofreces con lágrimas.

3. Lee Santiago 1:2-4 y Romanos 5:1-5. Después sigue el consejo de Santiago y considera esa prueba como una dicha. Anota lo que crees que Dios te está enseñando a través de esta prueba. ¿Qué bien ya ha venido a tu vida gracias a ella?

¿Te gustaría saber más acerca de la alegría? ¡Echa un vistazo!

✓ Lee 1 Samuel 1:9-18. Anota algunos de los problemas de Ana.

¿Qué resultó determinante en la actitud de Ana y cómo cambió?

✓ Lee 1 Samuel 1:19-2:1. ¿Cómo cumplió Ana con su voto?

Escribe el sacrificio de alabanza de Ana en 2:1.

¿Cuál era su fuente de alegría?

¿Qué circunstancias en la vida de Ana podrían haber hecho que estuviera triste?

¿Qué aprendes de Ana acerca de la alegría?

✓ Lee Hechos 16:22-25. Anota algunos de los problemas de Pablo.

¿Qué hizo Pablo para experimentar y mostrar su alegría en el Señor?

✓ Anota algunos de tus problemas.

Al pensar en Ana y en Pablo, ¿qué puedes hacer ahora mismo... y en esta semana... para experimentar la alegría del Señor?

4

Un corazón tranquilo

El fruto del Espíritu es [...] paz.
Gálatas 5:22

A una columnista y consejera famosa, Ann Landers, le preguntaron una vez si algún problema se destacaba en las más de diez mil cartas que recibía por correo todas las semanas. ¿Su respuesta? El temor.

Los médicos también conocen los resultados del temor en sus pacientes. El primer síntoma de la enfermedad no siempre es una tos o dolor en el pecho, sino el temor, que tarde o temprano muestra un síntoma clínico.

Las causas para el temor nos rodean por todas partes. Aun así, hay buenas noticias para nosotras como cristianas. Tenemos un recurso incorporado para manejar los temores. Ese recurso es la paz de Dios. ¡Y qué fruto tan refrescante es la paz de Dios en un mundo loco, loco, loco, loco! La vida es como una montaña rusa, pero podemos experimentar la paz de Dios, sin importar lo que suceda en nuestras vidas, cuando caminamos por su Espíritu. Somos bendecidas con «la paz de Dios, que sobrepasa todo entendimiento» (Filipenses 4:7) justo en medio de nuestras pruebas, cuando acudimos a Dios para buscarla.

Averigüemos un poco más acerca de la paz

Muchas personas creen que la paz es la ausencia de problemas. Identifican la paz con el sentimiento que experimentan cuando todo está bien, cuando no hay problemas o dolores. Sin embargo, la paz del Señor no está relacionada con las circunstancias en absoluto. Es más, la paz de Dios viene a nosotras y permanece... sin importar cuáles sean las circunstancias de la vida.

La paz es como esto. Nuestra hija Courtney y su esposo, Paul, vivieron en Kauai, Hawái, la isla que experimentó el terrible huracán Iniki. Cuando Jim y yo fuimos a visitarlos a la isla, vimos la evidencia de la destrucción. A decir verdad, aún puedes verla allí hoy. Con todo, también vimos las tremendas sirenas de alerta en todas las playas y en todos los pueblos. Podíamos imaginarnos con claridad el temor que los isleños deben haber sentido cuando las sirenas sonaron el día en el que se acercó el asesino huracán Iniki. De modo que también podíamos imaginar la paz que deben haber sentido cuando esos mismos aparatos al fin dejaron de sonar la señal de que todo había acabado.

Ahora bien, ¿puedes imaginar tener esa misma paz perfecta ya sea que las sirenas anuncien una tormenta o que el huracán brame a tu alrededor? Esa es la clase de paz que te ofrece Dios para las muchas tormentas de la vida. Fíjate en estas verdades acerca de la paz que proviene de Dios. Mejor aun, toma un bolígrafo y anota tus pensamientos y observaciones. Subraya y realiza un círculo alrededor de lo que te guste o de lo que te parezca interesante.

• Nuestra paz no tiene nada que ver con las circunstancias, y todo lo que le interesa saber es que tenemos una buena relación con Dios[1].

- Nuestra paz no tiene nada que ver con los desafíos o las crisis diarias, y todo lo que le interesa saber es que nuestro tiempo está en las manos de Dios[2].

- Nuestra paz no tiene nada que ver con la condición de nuestras vidas, y todo lo que le interesa saber es que Dios es suficiente[3].

- Nuestra paz es un reposo interior y una serenidad del alma que indica que el corazón descansa, sin importar las circunstancias, mientras colocamos toda nuestra confianza en Dios, minuto a minuto.

Ahora, mantén tu bolígrafo o lápiz a mano a medida que atraviesas estos hechos y pasajes bíblicos.

✎ *Una palabra de la Palabra de Dios acerca de la paz*

- La paz viene junto con la convicción de que tu Padre celestial está contigo a cada instante... ¡y en verdad lo está! Dios es omnipresente, está en todas partes a la vez, y es del todo consciente de cada detalle de tu vida; en cualquier momento y en cualquier lugar. Él conoce tus necesidades en todo momento y en cualquier situación. En el Salmo 139:7-10, David declaró que *«si subiera al cielo, allí estás tú; si tendiera mi lecho en el fondo del abismo, también estás allí [...] si me [...] estableciera en los extremos del mar, aun allí tu mano me guiaría».* Querida hermanita, nunca puedes estar en un lugar (desde las alturas del cielo hasta las profundidades del mar y todos los lugares en el medio) donde Dios no esté presente contigo y disponible para ti. Por lo tanto, la clave para tu paz no es la ausencia de conflicto. No, es la presencia de Dios, sin importar cuál sea el conflicto[4]. ¡Increíble!, ¡solo deja que esa verdad te inunde por un minuto!

• La paz también viene al reconocer que Dios proveerá para todas tus necesidades. Por ejemplo, cuando Pablo le pidió a Jesús que le quitara la espina de su carne y Él le dijo que no, Pablo aprendió la verdad de la afirmación de Jesús: *«Te basta con mi gracia»* (2 Corintios 12:9). Pablo aprendió la verdad que escribió en Filipenses 4:19: *«Dios les proveerá de todo lo que necesiten, conforme a las gloriosas riquezas que tiene en Cristo Jesús»,* y en 2 Corintios 9:8, que *«Dios puede hacer que toda gracia abunde para ustedes, de manera que siempre, en toda circunstancia, tengan todo lo necesario, y toda buena obra abunde en ustedes».* ¿Te das cuenta de lo que significan estas promesas? Significan que nunca tendrás una necesidad real que Dios no pueda satisfacer. Esto, mi amiga, es para decir una vez más... *¡increíble!*

Definamos la paz: La paz es «el sacrificio de confianza»

Me gusta pensar en la paz como en *el sacrificio de confianza*. Verás, tú y yo realizamos el sacrificio de confianza cuando nos enfrentamos al dolor y a la tensión en nuestras vidas y elegimos confiar en Dios en lugar de entrar en pánico o desmoronarnos. Cuando las circunstancias en tu vida quizá te tienten a entrar en pánico, sentirte aterrorizada, transformarte en un manojo de nervios o llenarte de pavor, puedes elegir ceder a esos sentimientos o confiar en Dios, presentándote a Él para que te llene con su paz. Puedes confiar en el Todopoderoso Dios o sucumbir ante los sentimientos de la carne. Elegir confiar en Dios, realizar el sacrificio de confianza, hace que experimentes su paz... incluso en medio de un tremendo tumulto.

He aquí cómo obra. Realizamos el sacrificio de confianza y experimentamos la paz de Dios...

cuando elegimos no aterrorizarnos... sino descansar en
la presencia de Dios,

cuando liberamos nuestro terror... y confiamos en la
sabiduría y en los caminos de Dios, cuando rechazamos
nuestro nerviosismo... y recordamos que Dios tiene
el control, y cuando pasamos por alto nuestro pavor...
y en cambio aceptamos los tratos de Dios.

Ahora imagina... realizar tu próximo examen llena de paz en lugar de pánico. Imagina... presentarte a una audición para una obra o para el equipo de animadoras, o para una audición en la orquesta o el coro y confiar por completo en Dios con respecto al resultado. Imagina... dar tu discurso o un anuncio enfrente de tus compañeros de clase sin ningún tipo de preocupación. Hermana, ¡eso sí que es paz! La clase de paz de Dios.

Recibe la paz de Dios

¿Te preguntas cómo obtener esta actitud pacífica, la actitud de un corazón tranquilo? Bueno, lo obtienes de la misma manera en que obtienes los demás frutos. Cuando eres llena del Espíritu Santo y andas por los caminos de Dios, tendrás la paz que viene de Dios y solo de Él. Tendrás un corazón tranquilo.

¿No te fascina recibir regalos? Pues bien, vuelve a tomar tu bolígrafo y desenvuelve estos cuatro regalos de Dios. Contienen cuatro fuentes para la paz de Dios. Asegúrate de realizar tus propias notas a medida que leas.

Primer regalo: Dios, el Hijo. Antes de que Jesús naciera siquiera, Isaías, el profeta del Antiguo Testamento, predijo: «Porque nos ha nacido un niño, se nos ha concedido un hijo [...] y se le darán estos nombres [...] Príncipe de paz» (Isaías 9:6). Ese nombre refleja la misión de Jesús.

- Su muerte en el Calvario les dio a los creyentes el regalo de la paz con Dios que solo viene con el perdón de los pecados.

- Su obra en la cruz preparó el camino para la paz personal con Dios.

- Su venida a la tierra logró la salvación para los que colocan su confianza en Cristo.

Como afirma Romanos 5:1: «Ya que hemos sido justificados mediante la fe, tenemos paz con Dios por medio de nuestro Señor Jesucristo».

Segundo regalo: Dios el Padre. A través de la Biblia, puedes conocer a Dios. Puedes aprender todo acerca de sus promesas y de su fidelidad a fin de que seas capaz de confiar en Él en los momentos de necesidad. Una de esas promesas se encuentra en Isaías 26:3: «Al de carácter firme lo guardarás en perfecta paz, porque en ti confía». Como sabes, no hay manera de evitar los conflictos mientras estás en el mundo, pero puedes conocer la perfecta paz en medio del tumulto al acudir al mismo Dios en lugar de concentrarte en tus dificultades.

Tercer regalo: La Palabra de Dios. La Biblia te ayuda a conocer a Dios al revelar su ley, sus caminos y sus propósitos. Cuando sigues la Palabra de Dios y caminas por donde Él te indica, experimentas su paz al punto de que nada te hace tropezar. «Los que aman tu ley disfrutan de gran bienestar, y nada los hace tropezar» (Salmo 119:165). Experimentas la paz que viene al mantener una relación correcta con Dios.

Cuarto regalo: Dios, el Espíritu. El Espíritu Santo es tu Ayudador personal, tu Maestro y tu Consolador (Juan 14:26). Jesús dijo: «El Consolador, el Espíritu Santo, a quien el Padre enviará en mi nombre, les enseñará todas las cosas y les hará recordar todo lo que les he dicho». ¿Y cuál es el bendito resultado de este regalo? «La paz les dejo; mi paz les doy. Yo no se la doy a ustedes como la da el mundo. No se angustien ni se acobarden» (versículo 27). La instrucción, la guía y el consuelo que recibes del Espíritu de

Dios estimula tu paz. Cuando permaneces en Cristo y caminas por su Espíritu, esta paz de Dios es tuya.

¿No te hace querer hacer una pausa y darle gracias a Dios por estos cuatro regalos? Solo piénsalo. Como cristiana, puedes acudir a Dios (al Padre, al Hijo y al Espíritu Santo) y a la Palabra de Dios, en busca de paz. ¡Bendice su nombre y dale gracias con todo tu corazón!

Los pasos por el camino de la paz

Ahora que sabes más acerca de la paz de Dios, ¿qué puedes hacer para vivir de tal manera que logres cultivar este regalo de su Espíritu?

- Puedes *orar*. Ora primero, ora a menudo y ora sin cesar. Cuando ores y coloques tus preocupaciones, tus temores, tus dudas y tus inquietudes en manos de Dios, pasarás tiempo en la presencia del Señor. Disfrutarás de su compañía, de la adoración a Él, del aprendizaje de Él y de apoyarte en Él... y sí, experimentarás su paz.

- Puedes realizar una *pausa* y acudir al Señor cuando surja una crisis o un desastre. Cuando realices una pausa para reconocer a Dios: su presencia, su suficiencia, su poder, su amor, Él enderezará tus caminos. Y bendición sobre bendición, una vez que acudas a Él, estarás otra vez en contacto con su increíble paz.

- Puedes *leer con atención* los Evangelios (Mateo, Marcos, Lucas, Juan). Lee y estudia la vida de Jesús para ver la paz que experimentó en las situaciones de mucha tensión. Puedes aprender cómo permanecer en el Padre que dirigió los pensamientos, las palabras, las obras, las respuestas y las reacciones de Jesús frente a circunstancias difíciles. Puedes llevar las actitudes de Jesús en tu mente al ir a la escuela, al hacer tu trabajo y tu tarea, al interactuar con personas de todo tipo, y procurar vivir en paz con los que están en tu casa. El ejemplo de Jesús te ayudará a caminar en paz.

La respuesta del corazón

¿Anhelas tener esta clase de corazón, un corazón tranquilo, un corazón en reposo, un corazón de paz? Entonces, realiza un examen de «actitud». ¿Qué ha visto un observador externo en ti durante esta semana? ¿Estás en medio del caos... o confías en Dios y en su paz? ¿Estás corriendo en círculos... o estás descansando en el Señor? ¿Tus palabras revelan una sensación de pánico y presión... o son palabras que ayudan y alientan a los demás? ¿Tus reacciones reflejan las prioridades que Dios ha establecido para ti? ¿Tu relación con Él está en primer lugar... o estás demasiado ocupada para sentarte a sus pies y disfrutar de su presencia?

Recuerda, ¡tu tarea de parte de Dios es hacer que las actitudes adecuadas comiencen a funcionar en tu vida! Y cada día es una prueba. ¿Estás mejorando?

Cosas para hacer hoy y caminar en paz

1. Hazte un favor (¡a ti y a todos los demás!) e identifica el problema que hace que te estreses a cada momento. Por ejemplo, ¿qué preocupación te mantiene despierta durante la noche? ¿Qué inquietud te agita la mente y te preocupa el corazón cuando el reloj despertador te despierta de una sacudida todas las mañanas? ¿Qué problema te agobia o nunca se va?

2. Toma la decisión consciente de confiarle este problema a Dios. Ora y realiza el sacrificio de confianza. Esto permitirá que tu corazón descanse en Él y hará posible que experimentes su paz... incluso en este, tu desafío más difícil.

¿Te gustaría saber más acerca de la paz?
¡Echa un vistazo!

✓ Lee el Salmo 139. Anota lo que aprendes acerca de Dios.

Anota lo que aprendes acerca de lo que Dios sabe de ti, de lo que haces y de tu situación.

Enumera tres cosas que quieres recordar acerca de Dios la próxima vez que estés en una situación de prueba y que necesites la paz de Dios.

1.

2.

3.

✓ Lee Lucas 8:22-25 y Marcos 4:35-41. Describe la escena en estos pasajes. ¿Qué sucedía? ¿Quién estaba allí?

¿Cómo reaccionaron los discípulos ante la situación?

¿Qué hacía Jesús y cómo respondió a la situación? ¿Y a los discípulos?

¿Cómo se demostró la paz de Jesús?

Enumera tres lecciones que quieres recordar acerca de confiar en Dios en tiempos difíciles.

1.

2.

3.

5

Una mirada a las actitudes de Jesús

Ahora, durante unos minutos, reflexiona acerca de los tres capítulos que hablan del amor, la alegría y la paz. Trataron sobre circunstancias de la vida que nos llaman, como mujeres de Dios, a manifestar estos frutos espirituales. Para repasar:

- una necesidad de *amor* se crea debido al maltrato, a la hostilidad, al abuso y al odio.

- una necesidad de *alegría* brota del dolor, de la tribulación, de la tragedia, de la aflicción y de las pruebas.

- una necesidad de *paz* viene cuando nos enfrentamos a situaciones de la vida que evocan pánico, temor, terror, pavor y ansiedad.

Es lamentable, pero estas circunstancias parecen ocurrir demasiado a menudo. Sin embargo, cuán bendecidas somos al poder seguir el ejemplo de Jesús, ¡quien enfrentó estas mismas oportunidades para llevar fruto! Ahora bien, mira de cerca a Jesús en el huerto de Getsemaní, donde lo vemos poniendo en práctica las tres actitudes piadosas... el amor, la alegría y la paz... a pesar de las situaciones que enfrentaba. Encontré estas palabras que nos ayudan a comprender lo que sucedió esa noche antes del viaje de Jesús a la cruz:

> Para siempre y por siempre el maestro, Jesús utilizó incluso esta lucha con el enemigo en el huerto la noche antes de la cruz a fin de enseñarles a los discípulos y a todos los creyentes futuros otra lección de piedad, una lección acerca de enfrentar la tentación y la prueba difícil. El Señor no solo se preparaba para la cruz, sino que mediante su ejemplo, preparaba a sus seguidores para las cruces que los llama a cargar en su nombre[1].

Ahora, permite que Jesús te enseñe mientras vislumbramos esta noche oscura, que también fue la noche más espiritualmente oscura en la historia de la humanidad. Fue la noche en la que el Hijo de Dios, que no tenía pecado, se enfrentó a la muerte por tus pecados y por los míos para lograr nuestra salvación. Mientras lees acerca de esta escena sagrada de la vida del Salvador, sé consciente de que en verdad estás parada en terreno sagrado. La vida de Jesús en la tierra está llegando a su fin, y se enfrenta a cada palabra y obra horribles que jamás se dirigiera alguna vez a alguna persona. A través de la provisión de Dios de los cuatro Evangelios, se nos permite ser testigos de la manera exacta en que Jesús manejó este odio, este dolor y este trauma.

El plan

A través de sus tres años de enseñanzas, Jesús a menudo hablaba acerca del plan de Dios para su muerte, lo cual siempre causaba desconcierto en sus discípulos. Por ejemplo, en Juan 7:6, Jesús dijo: «El tiempo mío [para morir] aún no ha llegado». Entonces, cuando Jesús se preparaba para su comida final de Pascuas, afirmó con claridad lo opuesto: «Mi tiempo está cerca» (Mateo 26:18,

RV-60). Era hora de que muriera y de que cumpliera el plan del Padre. Todo estaba en su lugar. A Judas, el traidor, ya se le había dejado ir para hacer la obra de maldad de traicionar a su Maestro. Al aproximarse la medianoche, Jesús pronunció su oración de sumo sacerdote por sus discípulos y con ellos (Juan 17). Luego de cantar un himno (Mateo 26:30), Jesús «salió con sus discípulos y cruzó el arroyo de Cedrón. Al otro lado había un huerto en el que entró con sus discípulos» (Juan 18:1).

El propósito

¿Qué fue lo que llevó a Jesús al huerto de Getsemaní? Fue su situación. Fue esta encrucijada en su vida. Fue el desafío que enfrentó durante sus últimos días. Su hora al fin había llegado... ¿y qué tenía por delante? La traición de sus discípulos. La incomprensión de su familia y de sus seguidores. El rechazo de la humanidad. La hostilidad y la persecución. Una multitud enojada, líderes enojados y personas enojadas. Agresiones verbales y físicas. Una sentencia injusta. El dolor atroz de la crucifixión. La muerte. Y lo peor de todo, la separación momentánea de su Padre celestial. Desde la perspectiva humana, Jesús perdía todo lo que tenía: su vida, su familia, su ministerio, sus amigos y su dignidad personal.

Sin embargo, su Padre celestial había ordenado que muriera por estos pecadores... y Jesús obedeció. Hacerlo beneficiaría a otros, incluyéndonos a ti y a mí, porque su muerte sería por pecadoras como nosotras. Así que actuando en amor, Jesús se dio a sí mismo como sacrificio, como rescate por otros (Mateo 20:28).

El lugar

Al enfrentarse al desafío abrumador de la cruz, Jesús fue al Getsemaní (Mateo 26:36). Es probable que se tratara de un sitio alejado, cercado y que tuviera algunos olivos. Jesús iba allí a menudo con sus discípulos (Juan 18:2) porque era un sitio tranquilo y bueno para enseñar, orar, descansar y dormir. En la víspera de su muerte, Jesús se retiró a su lugar conocido de oración con su pequeño grupo de seguidores.

Las personas

Luego de entrar al lugar llamado Getsemaní, Jesús hizo dos cosas. En primer lugar, les pidió a ocho de sus discípulos lo siguiente: «Siéntense aquí mientras voy más allá a orar» (Mateo 26:36). Jesús dejó a estos hombres fuera del muro o la verja del huerto como vigías. Luego, Jesús invitó a tres de sus discípulos: Pedro, Jacobo y Juan, a pasar con Él y orar.

Los problemas

Al desaparecer en la negra oscuridad, Jesús comenzó la batalla. El plan del Padre le producía una profunda aflicción, y la Biblia nos deja entrever su intensa angustia *emocional*. Jesús dijo con desesperación: «Es tal la angustia que me invade, que me siento morir» (Mateo 26:38). «Comenzó a sentir temor y tristeza» (Marcos 14:33), tanto es así que cayó al suelo en oración. Lucas nos dice que estaba «angustiado» (22:44). Nuestro Señor «ofreció oraciones y súplicas con fuerte clamor y lágrimas» (Hebreos 5:7). Como escribe un erudito: «Todas las oleadas y las nubes de angustia se derramaron sobre su alma»[2].

El mandamiento de Dios de morir hizo que Jesús sufriera una terrible aflicción física. «Como estaba angustiado, se puso a orar con más fervor, y su sudor era como gotas de sangre que caían a tierra» (Lucas 22:44).

Jesús peleaba otra gran batalla además de estas luchas emocionales y físicas: la guerra espiritual. Con esta conciencia, Jesús les había pedido a sus compañeros: «Estén alerta y oren para que no caigan en tentación» (Mateo 26:41). Nuestro Señor se arrojó sobre la misericordia de su Padre y pronunció estas palabras:

«Padre mío, si es posible, no me hagas beber este trago amargo [de muerte]» (versículo 39). En el ámbito físico, Jesús quería evitar beber el trago amargo. Nunca nadie quiso probar la muerte, y Jesús tampoco. Aun así, desde la perspectiva espiritual, quería hacer la voluntad de su Padre y, por lo tanto, añadió a su petición: «Pero no sea lo que yo quiero, sino lo que quieres tú» (versículo 39).

El proceso

Con esta sumisión a la voluntad de Dios, vemos a Jesús salir triunfante de la lucha agonizante en el huerto. ¿Cómo obtuvo la victoria? ¿Cómo se mantuvo Jesús firme en el amor, la alegría y la paz que lo llevaron a morir de forma voluntaria por los pecadores? ¿Qué le impidió que cediera a los deseos físicos y emocionales? ¿Cuál fue el proceso? ¿Y qué podemos aprender para que también nosotras podamos crecer en amor, alegría y paz?

El amor es el sacrificio de nuestra persona. Para encontrar amor, Jesús acudió a Dios, el Padre, quien le había mandado morir por los pecadores. Y en amor, Jesús extendió su mano al Padre para obtener su amor sustentador y fortalecedor. Él ofreció *el sacrificio de su persona* y se propuso hacer la voluntad del Padre. El amor de Jesús miró al Padre, y nos miró a nosotros, y el Espíritu hizo posible que se sometiera a la muerte en una cruz (Hebreos 9:14). La *carne* quería evitar la prueba y el dolor con antelación, pero el *amor* se volvió al Padre y dijo: «No sea lo que yo quiero, sino lo que quieres tú» (Mateo 26:39). Esa decisión condujo a un sufrimiento agudo e intenso... y a nuestra salvación.

La alegría ofrece el sacrificio de alabanza. En alegría, Jesús elevó alabanza a Dios. La Biblia nos dice que Jesús experimentó una gran alegría: «por el gozo que le esperaba [en el Padre y por el Padre], soportó la cruz, menospreciando la vergüenza que ella significaba» (Hebreos 12:2).

La paz viene con el sacrificio de confianza. Para hallar paz, Jesús le dejó sus problemas a Dios. «La paz de Dios, que sobrepasa todo entendimiento» (Filipenses 4:7) acudió a toda prisa a fin de proteger el corazón y la mente de Jesús, y se levantó de ese suelo santo, manchado de lágrimas, empapado de sudor, para avanzar en paz, sabiendo que su tiempo estaba en manos del Padre, diciendo con toda paz y con una confianza completa: «¡Vámonos!» (Mateo 26:46).

El producto

Y ahora, fíjate, por favor, ¡nada cambió en cuanto a las circunstancias de Jesús! Luego de agonizar en oración, aún iba a ir a la cruz, aún lo iban a crucificar, aún iba a morir. Sin embargo, fue a la cruz sostenido por el amor, la alegría y la paz de Dios.

Y fíjate en algo más: Esta transformación, esta aceptación, este momento crucial, no se logró con que Jesús chasqueara los dedos, abriera y cerrara los ojos ni con ninguna varita mágica. Se logró porque Jesús fue al Padre: en agonía y con sangre y sudor y lágrimas. De cara al suelo, literalmente en tinieblas, mientras luchaba con la oscuridad más profunda que se estableció sobre su alma, Jesús miró al Padre en busca de su amor, de su alegría y de su paz.

La sumisión final de Jesús a la voluntad de Dios no surgió de manera sencilla. Una vez en oración no fue suficiente (Mateo 26:39). Dos veces no bastaron (versículo 42). No, Jesús acudió al Padre tres veces por separado (versículo 44). ¡Y estas tres veces en oración no fueron como arrojar pensamientos comunes hacia el cielo! Se parecieron más a tres sesiones de tres horas de duración (Mateo 26:40) de angustia, batalla y lucha a fin de poder hacer todo lo que le pedía Dios.

Cuando nuestro Salvador se levantó al fin para avanzar y enfrentar la cruz, lo hizo con amor, con alegría y con paz. Lleno de estas cualidades, el Hijo declaró: «¡Vámonos!» (Marcos 14:42).

El desempeño

¡Ah, querida hermana menor en Cristo! Acabamos de ver a Jesús someterse a la voluntad de su Padre: ¡a la muerte en la cruz! ¡No podemos evitar detenernos y maravillarnos! Es demasiado increíble como para no detenernos... y alabar... ¡y orar! Ah, querido Jesús, ¡gracias!

Con todo, también debemos mirarnos a nosotras mismas y a nuestro caminar con Dios. ¿Cómo está tu desempeño en lo que se refiere a seguir la dirección de Dios para tu vida? Por mi parte, sé que oro muy poco. Cuando algo difícil se presenta en el día, muy a menudo espeto: «¡De ninguna manera!» y sigo adelante muy campante. Si algo requiere más de lo que quiero dar, digo: «Ah, muchas gracias, pero no podré hacerlo». O trabajo duro, haciendo lo que tengo que hacer (por mi cuenta, en mi propia carne y por mi propio poder) sin acercarme nunca al Padre para que me llene. Me quejo, refunfuño y me inquieto. Cumplo con mi tarea... pero lo hago de mala gana. Y lo hago sin amor, alegría, ni paz.

En momentos como estos, necesito seguir el ejemplo de mi Señor e ir a mi huerto de Getsemaní. Necesito orar. Necesito acudir al Padre y luchar con mi carne hasta producir su fruto de amor, alegría y paz. Necesito pasar el tiempo, no importa cuánto lleve, para permitirle a Él que me llene con su persona hasta tener todo de Él y hasta que Él tenga todo de mí.

La respuesta del corazón

Si durante una semana, o incluso durante un día, tú y yo nos comprometiéramos con Dios de esta manera, si corriéramos a Él en oración y recordáramos sus promesas cuando necesitamos amor, cuando necesitamos alegría y cuando necesitamos paz, y nos quedáramos allí hasta obtenerlos, sin importar cuánto tiempo llevara, en verdad podríamos cambiar nuestro mundo para Cristo. Si nos comprometemos a pasar tiempo en el huerto con el Padre y a pagar el precio de caminar por el Espíritu, superar la carne, y de ese modo experimentar el amor y la alegría y la paz de Dios...

Bueno, ¡los efectos son desconocidos, incalculables e ilimitados! La oración en nuestro huerto significaría que Cristo en nosotros cambie nuestros corazones, nuestras relaciones, nuestras familias, nuestros amigos, nuestros vecindarios, nuestras escuelas y nuestro mundo. ¡Y puede hacerlo! Aunque sin Él, nada podemos hacer (Juan 15:5). Sin Él, solo hacemos las cosas por rutina, dándoles muy poco a nuestra familia, a un amigo, a un desconocido o a un mundo con tanta necesidad.

Esta es mi oración personal para cultivar estas tres actitudes de amor, alegría y paz. Mi oración es que te apropies de ella así como también que visites a menudo el huerto mientras caminas por la vida, en busca de las actitudes adecuadas: las actitudes de Jesús.

> Es en oración, Padre,
> Que nos apegamos a ti,
>   Oh, el todo suficiente,
> Que obtengamos... a fin de dar,
>   que pidamos... a fin de alabar,
>   que luchemos... a fin de descansar.
> Debemos pasar nuestro tiempo en el huerto.
> Debemos ir al Getsemaní...
>   cada día... en primer lugar... a menudo, cuando sea necesario.
>
> Que tengamos en alta estima en nuestro corazón y nuestra mente
>   esta imagen de Jesús en el huerto.
> Grábala en nuestra alma.
> Que podamos seguir sus pasos
>   y negarnos a levantarnos hasta que tengamos
>   tu amor... tu alegría... tu paz.
> Oramos en el nombre de Jesús, quien nos ha enseñado a
>   orar. Amén.

¿Te gustaría saber más acerca de Jesús? ¡Echa un vistazo!

✓ Lee Mateo 20:28. De acuerdo con estas palabras que dijo Jesús, ¿cuál fue el propósito de su vida en la tierra?

Escribe Mateo 20:28 en una tarjeta para llevarla contigo y memorizarla. Permite que esta verdad impregne tu corazón a medida que caminas en los pasos de Jesús.

✓ ¿Qué aprendes acerca de la vida de oración de Jesús de...

Mateo 6:6?

Mateo 26:36 y Juan 18:2?

Marcos 1:35?

✓ ¿Cuán fervientes son las oraciones de Jesús en estos versículos?

Mateo 26:37-38

Mateo 14:33:

Lucas 22:44:

Hebreos 5:7:

¿Qué mandamiento les dio Jesús a sus discípulos en Mateo 26:41?

¿Cómo puedes obedecer este mandamiento?

✓ Escribe la oración de Jesús en Mateo 26:39. ¿Cuál era la actitud de su corazón?

*Cómo te llevas
bien con todos*

Un tiempo para no hacer nada

El fruto del Espíritu es [...] paciencia.
Gálatas 5:22

Cada día, al procurar caminar con Dios, intento (quizá al igual que tú) diseñar un programa que garantice un tiempo devocional con Dios todas las mañanas. En un día muy bueno, cuando el reloj despertador suena en la mañana, salto de la cama llena de buenas intenciones y planes firmes y experimento la primera victoria: ¡me levanto!

Es una sensación muy agradable estar levantada y tener el control de mi día (¡por ahora, de todas maneras!). Es una bendición muy grande entrar en la presencia de Dios, leer su Palabra y dedicar tiempo para orar. Luego, experimento la segunda victoria: ¡tuve mi tiempo devocional!

Después, comienzo con mis tareas diarias. En general, mi condición de felicidad espiritual se prolonga de diversas maneras hacia el servicio a los demás que viven bajo mi techo: sirviéndole a alguien un vaso de jugo, ayudando con el desayuno y limpiando, preparando los almuerzos mientras tarareo, y haciendo lo que sea para que los demás se vayan a la escuela o al trabajo. Mientras todos se despiden, experimento la tercera victoria: pude ayudar a los demás a comenzar bien su día. Pienso para mis adentros: *¡Es genial! ¡Todo está bien! Estoy en una buena racha. ¡Qué maravilloso va a ser el día!*

Sin embargo, luego comienza la vida real, el resto del día. Ya sabes, un día de trato con personas, y todas las alegrías y penas que pueden venir aparejadas. En general, ¡se torna bastante intenso! Además, en la vida real, el teléfono suena (¡muchísimo!) y debo encargarme de la persona y los detalles de cada llamada. La mayoría de las llamadas salen bien, pero están esas llamadas problemáticas. Alguien está enojado conmigo. O la persona al teléfono dice algo que me hiere. A veces, el que llama me informa de algo que dijo otra persona. Tal vez hasta me entere de que me han rechazado de alguna manera.

El dolor viene en diversos paquetes: a través de una carta por correo... o con un visitante a la casa... o por teléfono. Y cuando se abre el paquete, quedamos confundidas, heridas, perplejas, desconcertadas y dolidas. Tal vez nos sintamos usadas o maltratadas, abandonadas o manipuladas, abatidas o apesadumbradas. Hubo un insulto, una acusación, un desacuerdo, una discusión, una crítica, tal vez hasta un golpe físico. Ahora bien, ¿qué se supone que debemos hacer? ¿Qué podemos hacer en ese momento para seguir caminando con Dios? ¿Para experimentar más victorias?

Gracias a Dios por darnos tres regalos más, tres frutos más: la paciencia, la amabilidad y la bondad (Gálatas 5:22), a fin de manejar la tensión de las relaciones personales para llevarnos bien con todos, incluso con las personas difíciles.

Escucha el llamado de Dios a la paciencia

Es bueno darse cuenta desde el comienzo que, como cristianas, tú y yo tenemos el llamado de Dios a ser pacientes. Vuelve a tomar tu bolígrafo. Tal vez quieras tomar notas acerca de las instrucciones de Dios.

✎ *Una palabra de la Palabra de Dios acerca de la paciencia...*

- La Biblia nos enseña lo siguiente: «*vístanse de [...] paciencia*» (Colosenses 3:12). Eso significa que debemos adornarnos con corazones de paciencia. Así como vestimos nuestro cuerpo todos los días al ponernos ropa, debemos vestir nuestro espíritu cada mañana con la cualidad piadosa de la paciencia. ¡Imagina cuán encantador y hermoso es estar vestida con la paciencia de Dios! ¿Puedes pensar en alguien que parezca vestido con paciencia? ¿Qué ves en su vida?

- La Biblia dice que los cristianos deben ser «*pacientes*» (Efesios 4:1-2). Cuando llevamos nuestras vidas con paciencia, mejoramos nuestras relaciones con otros creyentes y promovemos la unidad. ¿Cómo lo hacemos? Al ser pacientes cuando vemos fallas en otras personas o cuando nos molestan de alguna manera... en lugar de irritarnos o ser críticas o atacar con palabras. ¿Quién te irrita más y por qué? ¿Qué puedes hacer, y harás, para ser más paciente con esa persona?

- La Biblia nos revela la fuente de la paciencia: Debemos «*ser fortalecidos en todo sentido con su glorioso poder. Así perseverarán con paciencia»* (Colosenses 1:11). De acuerdo con este versículo, ¿qué puedes hacer, y harás, para desarrollar una paciencia mayor?

La paciencia no es sencilla. Aunque sin duda es la clave para la armonía en las relaciones. La paciencia es un primer paso práctico para llevarse bien con las personas. Entonces, antes de revelar esta clave, nos ayudará entender el significado de la paciencia piadosa.

Averigüemos un poco más acerca de la paciencia

Si te pareces a mí, es probable que creas que la paciencia es poder esperar y esperar y esperar durante un laaaargo tiempo. Sin embargo, en la clase de paciencia que es fruto del Espíritu, hay mucho más en juego. Supongamos que se pudiera conseguir paciencia envasada en lata en una tienda. ¿Qué ingredientes divinos estarían escritos en la etiqueta?

Primer ingrediente: El primer y principal ingrediente de la paciencia es la *resistencia*. La vieja palabra de la versión Reina Valera, «longanimidad» nos pinta una imagen muy clara de la paciencia. Este ingrediente de la resistencia paciente se practica sobre todo hacia las personas y está relacionado con nuestra actitud hacia los demás[1]. «Es la cualidad de soportar a otras personas, incluso cuando [...] ¡ya se haya intentado muchas veces!»[2]

Segundo ingrediente: Luego viene una condición muy especial que requiere paciencia: *cuando estamos heridos*. Verás, necesitamos paciencia para soportar las heridas que nos producen los demás[3], una paciencia que se caracteriza por la longanimidad, la serenidad de carácter o la resistencia paciente cuando nos lastima otra persona[4]. Como explica una fuente: «La paciencia es el carácter tranquilo y sereno con el cual la [persona] buena soporta los males de la vida [...] [que] provienen de [los demás]»[5]. Así que cuando tu nivel de tolerancia se desgaste, recuerda que «el verdadero amor [...] es paciente y nunca se da por vencido»[6].

Tercer ingrediente: Otro ingrediente de la paciencia es la *misericordia*. La paciencia de Dios siempre está conectada a la misericordia[7] y tiene paciencia a los demás por su bien[8]. La paciencia les desea el bien a los demás y está dispuesta a soportar con ellos... porque quiere su bien.

Piensa en la paciencia mientras lees estas palabras: «Si Dios hubiera sido un hombre, hubiera aniquilado este mundo hace mucho tiempo, pero tiene esa paciencia que soporta todos nuestros pecados y no está dispuesta a abandonarnos. [Por lo tanto], en nuestro trato con nuestros pares, debemos reproducir esta actitud amorosa, tolerante, perdonadora y paciente de Dios»[9]. ¡Vaya! Es más, ¡actuamos como Dios cuando somos pacientes con las personas!

¿Y por qué Dios retrasa el castigo del hombre? La Biblia explica que «el Señor no tarda en cumplir su promesa [de volver], según entienden algunos la tardanza. Más bien, él tiene paciencia con ustedes, porque no quiere que nadie perezca sino que todos se arrepientan» (2 Pedro 3:9). En otras palabras, el Señor está esperando para volver. Desea que más almas crean y se salven. ¡Le está proporcionando a la humanidad una oportunidad extendida de recibir a Cristo! Al igual que Dios, nos debiera consumir el mismo pensamiento por los demás: «Si solo espero lo suficiente, ¡tal vez algo bueno y maravilloso suceda con esta persona!».

Cuarto ingrediente: Por último, escrito en letras rojas a lo largo de la etiqueta de nuestra lata de paciencia, aparecen estas palabras: «¡No contiene enojo ni venganza!». No hay ira, ni pensamientos de venganza, ni represalias en la clase de paciencia de Dios. La paciencia es la gracia del hombre que *podría* vengarse, pero que *decide* no hacerlo[10]. Dios nos dice: «No tomen venganza [...] sino dejen el castigo en las manos de Dios, porque está escrito: "Mía es la venganza; yo pagaré", dice el Señor» (Romanos 12:19)[11].

La paciencia se contiene. Refrena la venganza y las represalias... y en cambio, soporta.

Definamos la paciencia: La paciencia «no hace nada»

Con estos ingredientes en mente, la definición de paciencia que uso para mí es «la paciencia no hace nada». La paciencia es la fase inicial de estos tres frutos relacionados con las personas: la paciencia, la amabilidad y la bondad, y es la parte pasiva del amor[12]. Es el amor que no hace nada.

Por favor, ¡no te preocupes ni te sorprendas! Solo espera. En los próximos dos capítulos, avanzaremos hacia la «escala de acción» para llevar fruto en lo que se refiere a llevarse bien con todos. Así que, por ahora,

si quieres caminar en paciencia
cuando te han herido,
agraviado o
maltratado,
¡no hagas nada!

¡No reacciones! No hagas algo negativo, dañino y pecaminoso. En su lugar, resiste en paciencia. *Hacer nada* te da tiempo (¡aunque sea un segundo!) para hacer algo: orar, reflexionar, pedir consejo y planear una respuesta de una buena manera, mejor o de la mejor manera. En primer lugar, acude a Dios en busca de su paciencia... y luego no hagas nada que te haga perder su preciosa paciencia. (Y solo un consejo: en general, ¡ese proceso se logra mediante la oración!)

A la espera del juez

Una tarde, mientras enseñaba acerca de este fruto del Espíritu, le hablé a mi clase acerca de cómo crecer en la paciencia de Dios. Les dije a mis estudiantes que recordaran esperar al juez. Déjame explicarte. (¡Y este es un buen momento para tomar tu bolígrafo! ¡Querrás anotar bien este concepto!)

✎ *Una palabra de la Palabra de Dios acerca de la paciencia...*

- En un pasaje alentador, escrito a un grupo de pobres cristianos perseguidos, el apóstol Santiago llamó a estos santos a que...

> *«tengan paciencia hasta la venida del Señor»* (Santiago 5:7),
>
> *«aguarden con paciencia la venida del Señor, que ya se acerca»* (versículo 8),
>
> *«¡El juez ya está a la puerta!»* (versículo 9).

He aquí el mensaje: Cuando el Señor llegue al fin, ¡las cosas sí que cambiarán (Apocalipsis 21:3-4)! Tu sufrimiento en manos de otros se terminará. Disfrutarás de la presencia continua de Jesús. Y Él, el Juez, también se vengará de tus enemigos. Por cierto, todo se restaurará cuando Cristo traiga justicia y vengue a los justos. ¿Cómo te alienta esto en tus sufrimientos actuales?

- Sin embargo, hasta que nuestro Señor, el Juez, llegue para arreglar las cosas, debes vivir con tus adversarios y soportar los malos tratos de las personas difíciles... mientras permaneces en paciencia y practicas el autocontrol. No debes volcarte a la autocompasión ni a la queja (véase Santiago 5:7-9). Y no debes juzgar, pelear, criticar, chismear ni encontrar errores. No, solo eres responsable por una cosa mientras esperas, y es la conducta semejante a la de Cristo. ¡La responsabilidad de todo lo demás es del Juez! ¿Cómo tiendes a reaccionar cuando otros te maltratan y qué mejor manera pondrás en práctica?

- Con esta imagen en mente, pregúntate: «¿Puedo esperar?». ¡Santiago dice que puedes! Así que elige a la persona que te ha causado el mayor dolor personal en tu vida. Ya sabes, la persona que es hostil, mala o desagradecida, que te pasa por alto, te insulta, te difama o impide que progreses. Luego, mediante la oración y por la gracia de Dios y con su ayuda, resiste cualquier impulso de vengarte o de castigar a esa persona en lugar de no hacer nada. En paciencia, no hagas nada mientras esperas al Juez.

La respuesta del corazón

Piensa durante un minuto en tus luchas con la paciencia. ¿Qué es más sencillo: ceder a las emociones y a la ira cuando alguien te hiere o practicar la paciencia y contener tu cólera? ¿Atacar con palabras hirientes o contener tus palabras de odio? Aunque parezca mentira, ¡no cuesta nada abandonarlo todo, perder los estribos y decirle a tu ofensor justo cómo te sientes y lo que piensas! Sin embargo, mucho más difícil es la respuesta que agrada a Dios, ¡la respuesta de Dios!... de elegir no hacer nada por fuera mientras resistes con paciencia por dentro. Créeme, ¡hace falta toda la fuerza y la gracia de Dios para ayudarte a no hacer nada! Necesitas con desesperación el Espíritu de Dios para llenarte con su paciencia. (¡Y yo también!) Aun así, una vez que estás llena, hacer nada mientras resistes en paciencia es la manera en que practicas la resistencia paciente... cuando los demás te lastiman... sin venganza... ¡y para su bien! Esas son las recetas de Dios para la paciencia.

Cosas para hacer hoy y caminar en paciencia

1. Prepárate en la longanimidad. Proverbios 19:11 dice: «El buen juicio hace al hombre paciente; su gloria es pasar por alto la ofensa». En otras palabras, aprende a refrenar tu enojo.

2. Date un poco más de tiempo. ¿Cuánto puedes esperar? Que ese período sea un poco más largo. ¿Cuántas veces puedes esperar? Que la próxima vez sean unas pocas veces más. Ahí es donde la oración representa su papel. Nuestro paciente Dios está dispuesto a darte su paciencia en cualquier momento que se la pidas.

3. Quita las oportunidades para pecar. Como aconseja Pablo: «No se preocupen por satisfacer los deseos de la naturaleza pecaminosa» (Romanos 13:14). Y Proverbios dice que «honroso es al hombre evitar la contienda, pero no hay necio que no inicie un pleito» (20:3). La prudencia puede evitar que peques.

4. Sigue el ejemplo de Jesús. Él permaneció del todo sin pecado, incluso bajo el peor de los maltratos. «Él no cometió ningún pecado ni hubo engaño alguno en sus labios. Cuando proferían insultos contra él, no replicaba con insultos; cuando padecía, no amenazaba» (1 Pedro 2:22-23). Lleva en tu corazón y en tu mente la respuesta de Jesús frente al sufrimiento... e intenta elevar tus propias respuestas a un nivel más alto de ser semejante a Cristo.

5. Ora. Este fue el método infalible de Jesús para soportar su sufrimiento. Él «se entregaba a aquel que juzga con justicia» (1 Pedro 2:23). Cuando los demás te lastimen, que tu alma dolida se vuelva al cielo. Con la ayuda de Dios, sé paciente con los demás por su bien.

¿Te gustaría saber más acerca de la paciencia?
¡Echa un vistazo!

✓ Lee Génesis 6:3-5. ¿Qué observó Dios acerca de la humanidad (versículo 5)?

¿Cuánto tiempo esperó para que los habitantes de la tierra cambiaran su forma de conducirse (versículo 3)?

✓ Lee 1 Pedro 3:20 y escribe las palabras que describen la paciencia de Dios.

✓ Lee 1 Pedro 2:22-23. Describe la conducta perfecta y sin pecado de Jesús (versículo 22).

Sin embargo, ¿cómo lo trataron (versículo 23)?

¿Cómo demostró Jesús paciencia hacia los que lo llevaron a la muerte?

✓ Lee 2 Timoteo 2:24-26. Escribe las distintas palabras y frases que indiquen la paciencia (versículo 25).

¿Cuál puede ser el resultado de una paciencia así, de acuerdo a los versículos 25-26?

✓ Lee 1 Tesalonicenses 5:14. ¿Qué principio fundamental para la paciencia se expresa aquí?

✓ A medida que repases las enseñanzas de estos pasajes con respecto a la paciencia, enumera tres cosas que quieras recordar, o recordar hacer, para resolver mejor tus problemas con las personas.

7

Un tiempo para hacer algo

El fruto del Espíritu es [...] amabilidad.
Gálatas 5:22

Hace varios meses, cuando entré a mi supermercado local, mis ojos se enfocaron en un enorme cartel que mostraba varias chicas arrogantes y paradas con bastante mala cara. Era un anuncio de la última película en DVD que se ofrecía para la venta. Y como tenía en mi mente este libro acerca de los frutos del Espíritu, y en especial la «amabilidad», no pude evitar reaccionar frente al título de la película: *Chicas malas.*

Ahora bien, contrasta estas «chicas malas» con mi amiga Judy, quien me ayudó a servir en una fiesta en homenaje para una jovencita que iba a casarse. Yo trabajé en la cocina mientras Judy se movía entre las mujeres, preguntando si necesitaban algo, dándoles una palmada en el hombro y asegurándose de que todas estuvieran cómodas. Con gracia, Judy charlaba con cada una de las mujeres mientras llevaba la pesada cafetera de plata por la habitación, llenando las tazas y quitando los platos sucios y las servilletas manchadas. Luego, a pesar de que estaba en la cocina, escuché decir con desdén a una de las invitadas (¡una chica mala!), mientras Judy se alejaba y no podía oírla: «Es demasiado amable».

Desde mi encuentro con las «chicas malas», he pensado mucho en esas palabras: «Es demasiado amable». Lo que Judy hizo por todas nosotras, incluyendo una mujer malagradecida, fue vivir en forma activa la amabilidad, el próximo fruto del Espíritu. Judy fue un modelo de la gracia y el ministerio de la amabilidad, no solo para esas otras mujeres, sino para mí también. Como pronto verás, el mayor cumplido que puede recibir un cristiano es que lo describan como «demasiado amable». Cuando las personas dicen eso de ti o de mí, ¡podemos saber sin duda que estamos mostrando el fruto del Espíritu!

Averigüemos un poco más acerca de la amabilidad

Retrocedamos un minuto y revisemos nuestro caminar con Dios. En esta sección de nuestro libro, estamos aprendiendo acerca de las acciones de la paciencia, la amabilidad y la bondad al lidiar con las personas en nuestra vida. Al encontrarnos con personas cada día y al experimentar cualquier dolor que puedan causarnos, debemos ser pacientes, no hacer nada. Y esta respuesta solo se logra cuando le pedimos a Dios que nos llene con su paciencia. Solo Dios es capaz de ayudarnos a no hacer nada.

Una vez que pedimos paciencia, ¡es hora de actuar, de ponerse en acción, de empezar a hacer algo! Y ese «algo» es la amabilidad, el siguiente fruto en la lista del Señor: «El fruto del Espíritu es [...] amabilidad» (Gálatas 5:22). Y aunque el fruto de la amabilidad se produce en nuestra vida a medida que caminamos por el Espíritu, ese caminar implica poner en práctica varios mandamientos que se nos dan en la Palabra de Dios. Toma notas e interactúa con los pasajes que vienen a continuación a fin de aprender más acerca de la amabilidad.

✎ *Una palabra de la Palabra de Dios acerca de la amabilidad...*

- Efesios 4:25-32 les advierte a los cristianos contra la conducta que agravie al Espíritu Santo y lastime el corazón de Dios[1]. ¡Estoy segura de que querrás conocer bien estos versículos! Aun así, concéntrate por ahora en los mandamientos del versículo 32. Pablo completa su lista de maldad: amargura, ira, enojo, gritos y calumnias, y nos dice que en cambio que seamos *«bondadosos [...] unos con otros»* (versículo 32). La *Biblia en Lenguaje Sencillo* lo dice en forma fácil y directa: *«Dejen de estar [...] enojados [...] Por el contrario, sean buenos y compasivos los unos con los otros».*

- Otro llamado a la amabilidad aparece en Colosenses 3:12. Aquí, Dios nos dice: *«vístanse de [...] amabilidad»*. La amabilidad es una virtud cristiana esencial que ayuda a todas las relaciones. Por lo tanto, debemos ponernos la amabilidad, como lo hacemos con la ropa, en todas nuestras relaciones.

- ¿Y cómo debemos actuar frente a los que no son cristianos? ¡Con amabilidad! *«Un siervo del Señor no debe andar peleando; más bien, debe ser amable con todos»* (2 Timoteo 2:24). La amabilidad es un elemento importante en el testimonio cristiano. A través de los años, a los cristianos se les conoce por su amor y su interés por los demás, y ese también debería ser nuestro objetivo.

Definamos la amabilidad: La amabilidad «hace algo»

Mi definición operativa de la amabilidad, la cual me ayuda muchísimo a cultivar y a demostrar el interés por los demás, es: «la amabilidad planea hacer algo». Mientras que la paciencia no hace nada pecaminoso y resiste en paciencia (véase capítulo 6), la amabilidad planea actuar ahora.

La amabilidad, al igual que los demás frutos del Espíritu, desea la acción piadosa, y por lo tanto, busca oportunidades para hacer algo. La amabilidad sale en forma activa, preparándose para las acciones de bondad (las cuales veremos en el próximo capítulo). La amabilidad pregunta en forma activa: «¿Quién necesita amor? ¿Cómo puedo aliviar la carga de otra persona? ¿Cómo puedo llegar a otra persona?». La amabilidad es la ternura y la preocupación por los demás. También es una dulce disposición y una cuestión del corazón, «una gracia que suaviza todo lo que puede estar duro»[2].

Cómo se cultiva la amabilidad

El libro al que acudo cada mañana durante mi tiempo de oración contiene un recordatorio para reflexionar que me ha ayudado a crecer en amabilidad. Me enseña a orar por «un mayor amor y compasión por los demás». Bueno, debo decirte que cuando veo estas palabras, me siento humillada hasta lo más profundo de mi ser, mientras examino mi corazón y mi alma. ¡Este llamado a la oración siempre hace que me dé cuenta de cuánto más necesito esta cualidad piadosa en mi vida! Aun así, la oración y los aspectos de la amabilidad que vienen a continuación me han ayudado en esta esfera. He aquí lo que he descubierto.

1. *El interés es una parte de la amabilidad*: Cuando te intereses de verdad por los demás, te darás cuenta de que le prestas atención a sus situaciones y que te preocupa su bienestar. Te

involucras en sus vidas. A medida que crece tu amor, los detalles de sus vidas son cada vez más importantes para ti. Comienza a importarte de verdad si están tristes o desanimados, luchando o dolidos, con necesidad o en soledad. (Es lamentable, pero ese interés no surge con facilidad para mí cuando se trata de las personas problemáticas en mi vida).

En estos casos es donde ayuda la oración. Si sigues la instrucción de Jesús de orar «por quienes los maltratan» (Lucas 6:28), ocurren cambios radicales en tu corazón. Para comenzar, la oración hace que participes de manera vital y espiritual en las vidas de las personas por las que oras. Además, a través de la oración, Dios cambia tu corazón y tu mente al suavizar tu dureza y desaparecer tu orgullo transformándolo en preocupación por los demás... incluyendo a tus enemigos. El interés por los demás elimina la antipatía, la falta de compasión y el espíritu sentencioso. Así que pídele a Dios que te ayude a tener mayor amor y compasión por los demás.

2. *Pensar es parte de la amabilidad*: Otra señal segura de que crece tu interés por las personas es cuando comienzas a pensar en los demás y en la condición de sus vidas. Cuando te encuentras mirando a las personas y pensando: «¿Qué la ayudaría? ¿Qué lo ayudaría? ¿Qué necesita él? ¿Qué necesita ella?». Cuando le preguntas a Dios: «¿Cómo puedo servir a esta persona? ¿Cómo puedo hacer que su vida sea más sencilla? ¿Cómo puedo tocar su vida y quitar su carga?».

A medida que aprendemos, la amabilidad planea hacer algo, y eso implica una cierta cantidad de reflexión y oración. El rey David es un modelo de esto para nosotros. Cuando se transformó en el rey de Israel, David «averiguó si había alguien de la familia de Saúl [el rey anterior] a quien pudiera beneficiar» (2 Samuel 9:1). Verás, David estaba *pensando* en demostrar amabilidad hacia los herederos del rey anterior. ¿Puedes pensar en alguien con el que puedes ser amable?

A fin de crecer en amabilidad, pídele a Dios que te dé un corazón amable y una mente creativa. Comienza a mirar a tu alrededor para ver las necesidades de las personas en tu hogar, en tu vecindario, en tu trabajo y en tu iglesia. Las personas heridas están en todas partes, ¡literalmente! Según una estadística espeluznante: «El noventa por ciento de todas las enfermedades mentales [...] podrían prevenirse, o podrían curarse, solo a través de la amabilidad»[3]. ¿Qué puedes pensar para hacer hoy que podría influir en la vida de alguien con amabilidad?

3. *Prestar atención es parte de la amabilidad*: Otra manera de practicar la amabilidad es prestar atención de las necesidades de los demás. Todo lo que debes hacer es usar la capacidad de la observación que te entregó Dios. Como dice la Biblia: «Los oídos para oír y los ojos para ver: ¡hermosa pareja que el Señor ha creado!» (Proverbios 20:12). *Siempre* puedes estar mirando y escuchando a los que te rodean. A decir verdad, es una de las maneras en que nos cuida Dios. «El Señor mira con buenos ojos a los justos y sus oídos están atentos a sus oraciones» (1 Pedro 3:12). Y puedes preocuparte por las personas de la misma manera en que Dios se preocupa por ti... solo al prestar atención y estar alerta a las necesidades de las personas.

Leí una historia acerca de la mamá de un evangelista que practicaba esta clase de amabilidad y observación. Un día, la encontró sentada a la mesa con un anciano desamparado. Al parecer, había ido de compras, se había encontrado con el hombre necesitado por el camino y le había provisto de una comida caliente. Durante su conversación, el hombre dijo: «Quisiera que existieran más personas como usted en el mundo». En ese momento, su mamá respondió: «¡Ah, sí las hay! Pero solo debe buscarlas». El anciano negó con la cabeza, diciendo: «Pero señora, a usted no tuve que buscarla. ¡Usted me buscó a mí!»[4]. Toma nota: cuando comiences a prestarle atención a los demás, pronto sabrás sus deseos y sus necesidades al igual que esta amable mujer.

Y aquí tienes otra historia acerca de una mujer que camina en amabilidad. Se trata de «una hawaiana que enhebra una guirnalda de flores cada domingo temprano por la mañana, ¡para nadie en particular! Luego va a la iglesia orando: "Señor: ¿quién necesita mi guirnalda de flores hoy? ¿Alguien que viene por primera vez? Alguien desanimado. Guíame a la persona adecuada"»[5].

Estas historias nos muestran dos representaciones de la amabilidad: dos mujeres reales llenas del amor de Dios que salen de manera activa en busca de los que tienen necesidad. Dos mujeres que, en amabilidad, planean hacer algo, para luego mantenerse alertas y prestarle atención a los demás.

Ora para crecer en la gracia de la amabilidad de Dios. Pídele sin cesar a Dios que obre en tu corazón para ayudarte a preocuparte, a pensar y a prestarle atención a las personas que coloca en tu vida. Acude a Dios para que te ayude con los malos sentimientos y pensamientos hacia los demás. Luego, obedece los mandamientos de Dios con respecto a la amabilidad.

La respuesta del corazón

En nuestra cultura actual, y en lugares como tu escuela e incluso en casa, ser demasiado agradable tal vez no parezca muy genial. ¡Pero es justo lo que es la amabilidad! Los que te rodean tal vez sean «malos», pero Dios te pide que seas amable.

Cuando se escribió Gálatas, la carta donde se enumera el fruto del Espíritu, el nombre común para un esclavo, *crestos,* venía de la misma raíz griega para la palabra amabilidad. Los paganos del primer siglo confundían *crestos* (esclavo) con la palabra *Cristos* para Cristo, y comenzaron a llamar a los cristianos con el apodo que significaba «santito».[6] Es lo mismo que ser «demasiado amable». ¡La grafía de estas dos palabras griegas varía solo por una letra y son asombrosamente similares! Cuando camines con Dios e imites a Jesús, serás amable. ¡Serás «demasiado amable»!

Unas chicas dijeron que mi amiga Judy era «demasiado amable». ¿Por qué? Porque era amable. Porque servía como una *crestos,* una esclava. Porque se preocupaba, pensaba, prestaba atención y conmovía. Y como es una *Cristos,* una especie de Cristo, una «santita», la amabilidad de Judy también debería ser un objetivo para ti.

Cosas para hacer hoy y caminar en amabilidad

1. Ora cada día de esta semana para que Dios llene tu corazón con su compasión. Luego escribe cómo la oración pidiendo compasión produjo una distinción en ti y en tu semana.

2. Pon en práctica el mandamiento de Dios de ser amable con los demás en casa (Efesios 4:32). Recuerda, eres lo que eres en tu casa. Piensa en formas de ayudar a tus padres, a tus hermanos y hermanas, incluso a tus abuelos. Que tu objetivo sea facilitarles la vida. ¿Qué puedes hacer, y harás, hoy?

3. Ora por tus enemigos: esas personas que te maltratan y te usan (Lucas 6:28). Te darás cuenta de que no puedes odiar a alguien por el que oras. Tampoco puedes descuidar a esa persona. ¡Inténtalo! Descubrirás que es verdad.

4. Anota varias maneras en las que puedes demostrar la amabilidad de Dios a la persona que más te causa problemas. Recuerda lo siguiente: la amabilidad es la capacidad de amar a las personas más de lo que merecen.

¿Te gustaría saber más acerca de la amabilidad? ¡Echa un vistazo!

✓ Lee 2 Samuel 9:1-7. ¿Qué preguntas hizo David cuando se transformó en el rey de Israel (versículo 1)?

¿Qué hizo o qué acciones de amabilidad realizó cuando le respondieron sus preguntas (versículos 2-7?)

✓ Lee 2 Reyes 4:8-10. ¿A quién y cómo le demostró amabilidad la sunamita?

✓ Lee Hechos 9:36. Describe los muchos actos de amabilidad de Dorcas. ¿Qué hizo por las viudas de su comunidad (versículo 39)?

✓ Lee Lucas 9:12-13. ¿Por quién estaba preocupado Jesús?

Contrasta las acciones y las inquietudes de Jesús con el comportamiento de los discípulos.

✓ ¿Qué revelan estos cuatro ejemplos acerca de la manera en que demuestras, o no demuestras, amabilidad?

Un tiempo para hacer todo

El fruto del Espíritu es [...] bondad.
Gálatas 5:22

Tarde una noche me fui a la cama con un libro en la mano, con la esperanza de quedarme despierta para leer al menos cinco minutos antes de apagar la lámpara. Había sido otro día de locos y lleno de cosas (ya sabes, ¡como los que tienes tú también!). Ya estaba exhausta... pero de todas maneras quería darle una oportunidad a los cinco minutos. El libro que tenía en mis manos era un tesoro que había encontrado esa mañana en la librería, y todo el día había saboreado la idea de abrir esa pequeña delicia. Solo había un ejemplar en el estante de la tienda, y el título captó mi mirada y atención: *People Whose Faith Got Them into Trouble*[1] [o sea, personas cuya fe las metió en problemas]. Al fin, era el momento... ¡si podía permanecer despierta! Al comenzar a leer el libro con el subtítulo: «Historias de un discipulado que cuesta caro», las primeras palabras del primer capítulo captaron mi total atención, así que leí mucho más que siempre. Esto es lo que leí:

El sonido de los cascos a la medianoche: hombres a galope, dirigiéndose al patio, y el sonido de las armaduras chocando

97

entre sí mientras los soldados rodean la casa, despierta al anciano. Dos oficiales desmontan y golpean la puerta de madera con el extremo de sus lanzas. Criadas despeinadas y en ropas de dormir corren escaleras arriba y le piden con insistencia al fugitivo de cabello blanco que se esconda debajo de la cama, dentro de un armario [...] en cualquier lugar. En cambio, él las calma, se coloca un manto sobre sus frágiles hombros, baja las escaleras, abre la puerta e invita a pasar a los hombres que vinieron a arrestarlo.

Les dice a las criadas: «Pronto, preparen comida caliente y algo para tomar. ¿No ven que estos hombres han estado cabalgando con intensidad durante la noche? Necesitan recuperarse, denles lo mejor de la casa».

Confundidos ante esta inesperada recepción, los oficiales que debían arrestarlo se agrupan en una habitación y se apiñan alrededor de un brasero de bronce en el suelo. Mientras calientan sus entumecidas manos contra la noche fría del 22 de febrero de 166, Policarpo, obispo anciano de Esmirna [...] realiza todo esfuerzo posible para que sus huéspedes estén cómodos. Él mismo les sirve a los oficiales y a los soldados de igual manera con los platos calientes que prepararon las criadas[2].

¡Qué ejemplo tan poderoso de bondad cristiana! A un hombre le están dando caza, un hombre que tal vez pronto pruebe la muerte mediante la ejecución en una hoguera ardiente, ¡y les muestra amor a sus perseguidores! Este hombre demostraba el fruto del Espíritu:

—*la paciencia* le permitió recibir a sus captores con gracia,
—*la amabilidad* hizo que pensara en sus necesidades, y luego
—*la bondad* completó la obra.

Al servirlos en forma personal, el hombre que conducían a la muerte satisfizo las necesidades de los que lo hacían. La historia de Policarpo nos ofrece un vívido ejemplo del fruto del Espíritu en acción.

Revisemos nuestro progreso

¿Te das cuenta de que así como un jardín se prepara con un plan, Dios diseña tu vida de acuerdo a un plan? Él usa a las personas, los acontecimientos y las circunstancias de nuestras vidas para guiarnos a través del camino hacia la piedad. Y nos guía paso a paso. En verdad, ¡sabe cómo cultivarnos para que seamos como Él!

Y hablando de jardines y de cultivos, estaba pensando en estos tres frutos del Espíritu que nos ayudan a llevarnos bien con todos: la paciencia, la amabilidad y la bondad. Mis pensamientos eran algo así...

La paciencia es como una semilla escondida debajo de la superficie. En silencio, espera en la tierra oscura, oculta de la vista, sin hacer nada (¡eso parece!), mientras incuba vida en silencio y con lentitud. Este dulce fruto hace posible que se desarrollen la amabilidad y la bondad.

La amabilidad crece de la semilla de la paciencia en las profundidades oscuras donde desarrolla un sistema de raíces. La amabilidad empuja su cabeza a través del suelo, queriendo salir a la luz y hacer algo hasta que, al fin, rompe el suelo, manifestándose a todos.

La bondad florece más aun, junto con sus obras de amor, bendiciendo a todos los que la ven... ¡de eso se trata este delicioso fruto del Espíritu!

Comprendamos la bondad

Obtener el fruto de Dios de la bondad en tu vida será más sencillo cuando comprendas tres cosas. Estas verdades te ayudarán con tu conducta hacia los demás.

1. *La bondad tiene un origen espiritual*: La Biblia nos muestra que Dios es bueno (Salmo 33:5; Nehemías 9:25, 35). De tapa a tapa, la Biblia cuenta la historia de la bondad misericordiosa de Dios. Un erudito define esta bondad como «la suma de todos los atributos de Dios [...] que expresan la [...] excelencia del carácter divino»[3]. En cualquier caso, como hijas de Dios, podemos mostrar su bondad.

2. *La bondad es activa*: Mientras que la amabilidad planea hacer algo bueno por los demás, la bondad se mueve a la acción completa. Dios *en* nosotros y su presencia *con* nosotros produce *su* bondad en nosotros. Y su bondad en nosotros resulta después en obras bondadosas que benefician a los demás.

3. *La bondad es una disposición para hacer el bien*: La bondad también está dedicada por completo a ayudar a los demás a vivir bien[4]. Es una disposición para hacer bien[5], alerta de puntillas, lista y a la espera para hacer bien a los demás.

Estoy segura de que estás de acuerdo en que tu familia y tus amigos, tu iglesia y tu escuela, ¡incluso el mundo entero!, necesitan personas que sean bondadosas en forma activa; personas que salgan de sus casas cada día listas para hacer bien; no que solo piensen u oren al respecto, sino que lo hagan en verdad; personas que se dediquen a mejorar las vidas de los demás.

Definamos la bondad

Al intentar comprender la bondad, me ayudó entender cómo ¡*la bondad hace todo!* En otras palabras, hace todo lo que puede para colmar de la bondad de Dios a los demás. La bondad sigue adelante con los maravillosos pensamientos de la amabilidad. La amabilidad da el tremendo paso desde las buenas intenciones hacia hacer todo lo posible a fin de servir a los demás en realidad. Juan Wesley, el famoso predicador de hace varios siglos, comprendió este principio de hacer todo. Es más, lo convirtió en una regla para su vida y lo puso en estas palabras:

> Haz todo el bien que puedas,
>
> por todos los medios que puedas,
>
> de todas las maneras que puedas,
>
> en todos los lugares que puedas,
>
> cada vez que puedas,
>
> a todas las personas que puedas,
>
> mientras que puedas.

Averigüemos un poco más acerca de la bondad

¿Cómo se produce en nosotros la bondad de Dios? ¡Es hora de tomar de nuevo el bolígrafo! Toma notas a medida que dejas que los pasajes obren en tu corazón.

✑ *Una palabra de la Palabra de Dios acerca de la bondad...*

- Primero está el asunto de tu caminar con Dios. Tienes el llamado de Dios a

    —*«caminar en amor»* (Efesios 5:2),

    —*«caminar en Él»* (Colosenses 2:6),

    —*«caminar de manera digna del Dios que te llamó»* (1 Tesalonicenses 2:12).

—*«caminar de la misma manera en que caminó Jesús»*
(1 Juan 2:6), y

—*«caminar por el Espíritu»* (Gálatas 5:16).

- ¡Una vida caracterizada por la bondad de Dios *es* caminar por el Espíritu! A través de esta forma de vivir, puedes

    —*«vencer el mal con el bien»* (Romanos 12:21), y

    —no *«devuelvan mal por mal ni insulto por insulto. Al contrario, devuelvan bendición»* (1 Pedro 3:9, DHH).

- Cualquier bondad que crezca en nosotros es de Dios. Como dice la Biblia en Romanos 3:12: *«No hay nadie que haga lo bueno, no hay ni siquiera uno»*. Sin embargo, a medida que practicamos la obediencia a los mandamientos de Dios, Él produce el fruto de la bondad en nosotros: un fruto que se produce mediante su gracia y que lo glorifica.

Elige la bondad

Algunas de las jóvenes en mi clase bíblica se dieron cuenta de que para caminar con Dios, tenían que tomar algunas decisiones importantes. A Susan, por ejemplo, la herían personas en su escuela que no eran cristianas y la despreciaban en público por ser cristiana. Me contó su plan de acción. «Me propuse una meta. No importa lo que me hagan o me digan los demás en la escuela, he decidido que voy a responder con bondad y a ser un buen anuncio de Cristo. ¡Y ya está dando resultados!»

A Ann la hirieron también, pero los cristianos del grupo de jóvenes de la iglesia. ¿Qué hizo? ¿Cómo lo enfrentó? «Decido no sentirme herida cuando no me invitan a unirme a ellos en sus actividades. Decido no sentir amargura ni resentimiento. Solo necesito mostrarles mi amor».

Y luego está María. Ella se enfrenta a un jefe hostil, que la trata de manera injusta en su trabajo de medio tiempo, una persona que describió como mala y maleducada. Su situación en el trabajo se redujo a una decisión espiritual para ella. Podía reaccionar de la manera indebida... o podía responder de la manera debida, a la manera de Dios. Escribió: «Tuve que tomar una decisión: devolverle lo mismo que me está dando o demostrarle la amabilidad y la bondad del Señor».

Podríamos seguir dando ejemplos como estos, y también decisiones como estas. Aun así, estoy segura de que ya tienes una idea de cómo caminar en bondad, de acuerdo a la situación de estas chicas que son iguales a ti. Al igual que el caso de estas jóvenes, tu caminar con Dios requiere muchas decisiones de tu parte a medida que acudes cada momento a Dios y le preguntas: «¿Cuál es el buen camino?».

Camina en bondad

Sí, caminar con Dios (¡de eso se trata este libro!) requiere que tú y yo tomemos decisiones importantes. Como observa un compañero de viajes: «La vida en el Espíritu incluye la bondad, y la bondad no viene con naturalidad, siempre exige una decisión»[6]. Además, nuestras relaciones con los demás, en especial con los que nos hieren, requieren elecciones. Por ejemplo, una decisión firme que podemos tomar cuando alguien nos hiere es caminar en paciencia y no hacer nada. Eso nos da tiempo para procurar hacer lo bueno. Luego de haber tomado la decisión de no explotar, de no regañar a alguien, de no sucumbir frente al enojo, de no seguir peleando, de no vengarnos, podemos avanzar hacia la siguiente decisión: la decisión de la amabilidad, *y planear hacer algo*, planear hacer obras de amabilidad.

Esta decisión, amiga, es el centro de nuestra batalla constante entre la carne y el Espíritu (Gálatas 5:17). Y es la clase de decisión que te mantiene caminando con Dios... incluso cuando te provocan o te hieren o te confunde el trato de los demás. Tú y yo debemos esforzarnos para tomar las decisiones adecuadas: las decisiones de Dios. Y debemos acudir a Dios en busca de su ayuda para ganar la victoria sobre el pecado. Luego, milagro de milagros, ¡nuestras vidas le traen gloria a Dios y su fruto crece y se demuestra en nuestro caminar con Él!

A medida que tú y yo caminamos a través de las rutinas y las responsabilidades de todos los días, tenemos muchas oportunidades de elegir la bondad, en especial como mujeres. Sigue leyendo, ¡con bolígrafo en mano!, y verifica el plan de Dios para la bondad en tu vida.

✎ *Una palabra de la Palabra de Dios acerca de la bondad...*

- *Las mujeres de Dios deben aprender la bondad.* En Tito 2:5 leemos que a las jóvenes les enseñan otras mujeres y las alientan a ser buenas (Tito 2:5, RV-60).

- *Las mujeres de Dios deben dedicarse a la bondad.* En 1 Timoteo 5:10 (RV-60), se insta a las mujeres a vivir una vida que tenga testimonio de buenas obras, que se dediquen a toda buena obra. Y no lo olvides: tu bondad comienza en casa con las personas que también viven bajo tu techo.

- *Las mujeres de Dios deben adornarse con la bondad.* En 1 Timoteo 2:10 se instruye a las mujeres a que se adornen *con buenas obras, como corresponde a mujeres que profesan servir a Dios.* Un erudito escribe que las buenas obras «crean ese adorno espiritual que es la verdadera gloria de la mujer cristiana»[7]. Las buenas obras señalan una vida de devoción desinteresada hacia los demás, un adorno que no se basa en lo que se pone, sino en el servicio amoroso que ofrece[8]. Está claro que Dios quiere que nuestras buenas obras sean nuestra principal atracción. Nuestras buenas obras son lo que Él quiere que noten los demás, no nuestras ropas, ni nuestras joyas, ni nuestra apariencia. Nuestras buenas obras reflejan nuestro caminar con Dios.

La respuesta del corazón

Oswald Chambers, un gran santo de años pasados, escribe lo siguiente acerca de la bondad: «La expresión del carácter cristiano no es hacer lo bueno, sino ser semejante a Dios. No basta con hacer el bien, hacer lo bueno. Nuestra bondad debe sellarse en nosotros por la imagen y la inscripción de Dios. Es sobrenatural por completo»[9]. En otras palabras, nuestra meta es crecer en piedad, no solo producir obras en forma mecánica. A medida que leas la lista de «Cosas para hacer hoy» que viene a continuación, ten en mente que para pensar en los demás, ¡primero debes dejar de pensar en ti!

Cosas para hacer hoy y caminar en bondad

1. Confiesa cualquier pensamiento o acción que no sea amable o buena. Agustín escribió: «La confesión de malas obras es el primer comienzo de las buenas obras[10].

2. Toma la iniciativa para satisfacer las necesidades específicas de los demás. Recuerda: «El amor significa acción»[11].

3. Olvida tu propia comodidad. «Cuando Dios obra en un creyente, desea ser bueno y hacer bien [...] Se hace evidente que la buena vida no se trata de la comodidad, sino de la piedad»[12].

4. Busca en forma activa fomentar la felicidad de los demás: de alguien en tu familia, de un amigo, de un compañero de trabajo o de un maestro de la escuela. «La amabilidad es un deseo sincero de la felicidad de los demás; la bondad es la actividad diseñada para adelantar su felicidad»[13].

¿Te gustaría saber más acerca de la bondad? ¡Echa un vistazo!

✓ ¿Qué dicen estos versículos acerca de hacer bien?

Lucas 6:27-28:

Romanos 2:7:

Romanos 2:10:

Romanos 12:21:

Gálatas 6:10:

✓ ¿Cuál de estos versículos te gustaron más o te resultaron más desafiantes y por qué?

✓ ¿Qué acciones tomaron las siguientes mujeres que modelaron a la bondad (el deseo de hacer algo)?

Rebeca en Génesis 24:15-20:

La sunamita en 2 Reyes 4:8-10:

Marta y María en Lucas 10:38 y Juan 12:2:

Dorcas en Hechos 9:36:

Lidia en Hechos 16:15:

✓ ¿Cuál de estas mujeres y sus actos de bondad te inspira más a ministrar bondad a otros y por qué?

9

Una mirada a las acciones de Jesús

Jesús, nuestro maravilloso Amo y Maestro, vivió en per fecta paciencia, amabilidad y bondad. ¿Recuerdas cuando oró en el huerto de Getsemaní? Era el momento de morir, pero no se rebeló, no entró en pánico, no huyó, ni se desmoronó. En su lugar, acudió a su Padre en oración. Luego, después de un tiempo de oración sincera e intensa, se levantó del suelo lleno del amor, del gozo y la paz de Dios: los tres primeros frutos que estudiamos. Con nuevas fuerzas después de su tiempo de oración y preparado por completo, Jesús reunió a sus discípulos, que dormían, y caminó con valentía hacia las puertas del huerto... a fin de enfrentar a unas personas. Jesús sabía que lo esperaban del otro lado de las puertas. Exactamente, ¿quién esperaba a Jesús afuera del huerto?

El traidor

Mientras Jesús caminaba con confianza hacia la entrada del huerto, dijo: «¡Levántense! ¡Vámonos! ¡Ahí viene el que me trai- ciona!» (Mateo 26:46). Sin duda, Jesús sabía *qué* iba a suceder... y también sabía *quién* jugaba un papel en el proceso. ¡Era Judas!

¡Cómo debe haberle dolido el corazón a Cristo al mirar el rostro y los ojos de un amigo de confianza! ¿Quién era Judas?

— Era uno de los doce hombres, los doce discípulos, elegidos para ayudar a Jesús con su ministerio de enseñanza, liderazgo y provisión para las necesidades de otros, y la operación de milagros.

— Fue uno por los que el Salvador oró y alimentó en su multiplicación milagrosa de panes y peces.

— Era alguien a quien el Salvador, con manos santas, le lavó sus pies sucios.

— Era alguien que escuchó palabras de vida y verdades acerca de Dios de la boca del mismo Dios.

— Era aquel a quien Jesús le había confiado el dinero del grupo.

— Era una de las pocas personas que tenía los privilegios que disfrutaba a diario en la presencia de Jesús.

Sí, ahí estaba Judas, lleno de la oscuridad del mismo infierno y de la maldad de Satanás. Judas... el traidor. ¡Qué dolor y desilusión deben haber llenado a nuestro Señor! Judas, un amigo, un discípulo, un compañero íntimo... ¡y ahora un traidor!

La multitud

Y Judas no estaba solo. Le acompañaba «una gran turba armada con espadas y palos, enviada por los jefes de los sacerdotes y los ancianos del pueblo» (Mateo 26:47). Dentro de este grupo se encontraban los capitanes del templo (Lucas 22:52), una compañía de soldados romanos, los jefes de los sacerdotes y los ancianos.

Sí, Jesús tuvo que lidiar con las personas... ¡a miles! Personas que no eran muy agradables. Personas que eran malas y malvadas. Durante las dieciocho horas siguientes, se enfrentaría a una gran cantidad de personas hostiles: personas que lo maltratarían de manera física y verbal, personas que le arrojarían insultos, junto con golpes, latigazos, palos, martillos y lanzas. Aún faltaban el sumo sacerdote, Caifás, los escribas, los ancianos y el Consejo del Sanedrín (Mateo 26:57-60).

¡Y había más gente! La lista de los enemigos de Jesús continúa.

- Pilato: que decidiría la muerte de Jesús (Mateo 27:2).

- Los soldados: que los atarían, se burlarían de él, lo escupirían y lo golpearían (versículos 28-30).

- Los dos ladrones que crucificaron junto con Él: uno de los cuales lo insultó (Lucas 23:39-41).

- La multitud: la cual blasfemaba en su contra y meneaba la cabeza para burlarse (Mateo 27:39-40).

- Los discípulos: que huyeron, dejando a Jesús incluso más solo (Mateo 25:56).

En verdad, las fuerzas del mal se reunieron con el propósito de arrestar a Jesús y llevarlo a la muerte.

La respuesta de la carne

Apenas Judas besó a Jesús, sus enemigos se abalanzaron y lo prendieron (Mateo 26:50). En los segundos que siguieron, vemos (¡una vez más!) la respuesta de la carne de los discípulos en marcado contraste con la respuesta misericordiosa de paciencia, amabilidad y bondad de Jesús.

Piensa durante un minuto en esta perturbadora escena del arresto de Jesús. Sucedió bajo el manto oscuro de la noche. Es posible que participaran mil personas. Había confusión y pánico.

Los ánimos estaban caldeados mientras el Salvador del mundo enfrentaba al mal.

Y con la exaltación de esos sentimientos, «uno de los que estaban con él extendió la mano, sacó la espada e hirió al siervo del sumo sacerdote, cortándole una oreja» (versículo 51). En el Evangelio de Juan nos enteramos que este «uno» es Pedro (Juan 18:10). Pedro no demostró paciencia. En cambio, entró en acción. Tomó una espada y atacó. En el deseo de Pedro de acuchillarlos, hacerlos añicos, destrozarlos y matarlos, ¡no se puso de manifiesto nada de misericordia! Tampoco mostró ninguna amabilidad: la amabilidad de Dios que desea lo mejor para los demás.

La acción de Pedro hizo que alguien sufriera. Y por cierto, no demostró bondad: ese fruto del Espíritu que hace todo por el bien de los demás. En su lugar, Pedro hirió a alguien en su esfuerzo por proteger al Maestro. Sin duda alguna, Pedro respondió a la manera de la carne. Escogió la respuesta fácil. Reaccionó. Puso en evidencia «las obras de la naturaleza pecaminosa» (Gálatas 5:19).

La respuesta piadosa

Jesús también entró en acción. Fíjate cómo su respuesta puso en evidencia el fruto del Espíritu.

La respuesta piadosa de la paciencia: En primer lugar, Jesús puso en práctica la perfecta paciencia de Dios. ¿Recuerdas nuestra definición de paciencia del capítulo 6? La paciencia es la resistencia cuando alguien nos hiere, es el interés en su bien, es sin venganza y *no hace nada*. Jesús puso en práctica cada aspecto de este fruto misericordioso. Como no quería que nada se hiciera por venganza o reacción, le dijo a Pedro: «Guarda tu espada» (Mateo 26:52). Aunque es evidente que Jesús podría haber tomado venganza por sí mismo, reprendió la acción de Pedro al preguntarle: «¿Crees que no puedo acudir a mi Padre, y al instante pondría a mi disposición más de doce batallones de ángeles?» (versículo 53).

En lugar de llamar a setenta y dos mil ángeles, Jesús actuó en perfecta paciencia. No hizo nada y, por consiguiente, se lo llevaron (versículo 57) como cordero al matadero (Isaías 53:7).

La respuesta piadosa de la amabilidad: ¿Y por qué Jesús permitió que lo llevaran? En parte, debido a su amabilidad. La amabilidad de Dios se preocupa por el bienestar de los demás (incluso por el de los enemigos). También desea mejorar sus vidas. Y de manera consciente, *planea hacer algo* por ellos. En primer lugar, y con amabilidad, Jesús «se hizo el firme propósito de ir a Jerusalén» (Lucas 9:51). En amabilidad, también agonizó en oración durante tres largas horas. Y ahora, actuando en amabilidad, se enfrentó a la multitud en lugar de huir. En su divina amabilidad, Jesús planeó hacer algo por sus enemigos. ¡Planeó morir por ellos!

La respuesta piadosa de la bondad: Por último, en bondad, nuestro Jesús se puso en acción. La bondad es la amabilidad activa y fluye de un corazón listo para hacer bien. Y la bondad *hace todo lo posible* para ayudar a los demás a vivir bien.

Entonces, ¿qué hizo Jesús? Se volvió hacia el hombre al que Pedro le cortó la oreja, «le tocó la oreja al hombre, y lo sanó» (Lucas 22:51). Este hombre era parte de la multitud enemiga. Había venido a arrestar a Jesús, pero ahora se encontraba recibiendo la bondad de Él. Experimentó un milagro de bondad. Es más, su sanidad fue el último servicio que prestó Jesús antes de que lo ataran. Como correspondía a nuestro Salvador y Señor, «la última acción de esa mano, mientras aún estaba libre, fue una de amor, de prestarle un servicio al hombre»[1].

La respuesta del corazón

En verdad, ¡Jesús es el Dios de toda gracia que «puede hacer que toda gracia abunde para [ti], de manera que siempre, en toda circunstancia, [tengas] todo lo necesario, y toda buena obra abunde en [ti]» (2 Corintios 9:8)! Una vez que vemos la gran misericordia de nuestro Salvador en circunstancias terribles, ¿cómo podemos volver a atacar a otros de palabras? ¿Cómo podemos volver a ser impacientes con los demás luego de presenciar la belleza y la gracia de la paciencia de nuestro Señor con sus asesinos? ¿Cómo podemos volver a desearles mal a los demás después de presenciar la amabilidad de nuestro Salvador al transitar el camino solitario hacia Jerusalén para morir por todos nosotros? ¿Y cómo podemos volver a arremeter de manera física o verbal contra otra persona una vez que vemos el toque sanador de nuestro Salvador por un enemigo?

Para ser más semejantes a Jesús nos hace falta estar llenas de la gracia de Dios, de los regalos de su Espíritu de paciencia, amabilidad y bondad. Para responder a su manera, hace falta mirarlo a Él para «hallar la gracia que nos ayude en el momento que más la necesitemos» (Hebreos 4:16). Acudamos a Él ahora en oración...

> Es en oración, querido Padre,
>> que te agradecemos por las personas en nuestras vidas
>> que hacen que necesitemos tanto tu gracia.
>
> Reconocemos que
>> Tu paciencia,
>> Tu amabilidad y
>> Tu bondad hacen posible
>>> que no hagamos nada dañino,
>>> que en verdad nos interesemos y
>>> que pongamos en práctica tu amor hacia los demás.
>
> En nuestro dolor... nuestras lágrimas... nuestro sufrimiento...
>> te miramos, oh corazón de amor.
>
> Permite que nos neguemos a actuar o a reaccionar hasta que
>> miremos de nuevo las acciones de nuestro Salvador y
>> veamos su paciencia... su amabilidad... su bondad.

Que crezcamos en estas cualidades.

En el nombre de Jesús,

que no vino a ser servido sino a servir a los demás...

incluso al punto de dar su vida en rescate. Amén.

Cosas para hacer hoy y ser más como Jesús

1. Lee una vez más Mateo 26:36-46. Enumera tres o cuatro cosas que te enseñan estos versículos acerca de la preparación para relacionarte e interactuar con las personas. Comienza a llevar la lista contigo. ¡También colócala en tu lista de oración!

2. ¿Cuáles son algunas de las maneras en que respondiste en el pasado a personas que te causaron dolor (que te criticaron, se burlaron de ti, te desairaron o de hirieron)? En general, ¿de qué manera respondes a este tipo de personas?

3. Luego de aprender acerca de las acciones de bondad de Jesús hacia las personas crueles, ¿cómo responderás la próxima vez que te traten mal? ¿Cómo...

... resistirás en paciencia?

... planearás para la amabilidad?

... darás en bondad?

¿Te gustaría saber más acerca de parecerte más a Jesús? ¡Echa un vistazo!

✓ Lee Mateo 26:47-68 y 27:27-44. Anota las personas o los grupos de personas que enfrentó Jesús. Luego, a través de cada una, enumera las distintas maneras en que estas personas trataron a Jesús.

Personas o grupo	Trato

✓ ¿Qué podría haber hecho Jesús para defenderse (Mateo 26:53)?

¿Qué hizo Jesús en cambio, de acuerdo a 1 Pedro 2:23?

¿Qué lecciones puedes tomar en serio de la conducta de Jesús en esa noche horrible?

✓ Lee una vez más Mateo 26:51-54 y 69:75. En contraposición al comportamiento de Jesús, escribe un breve resumen del comportamiento carnal de Pedro.

¿Qué lecciones puedes tomar en serio de la conducta de Pedro en esa noche horrible?

Cómo logras organizarte

10

Una decisión de simplemente hacerlo

El fruto del Espíritu es [...] fidelidad.
Gálatas 5:22

Un día, mientras archivaba unos papeles de mi esposo, una caricatura del periódico se deslizó de una carpeta de papel Manila. Era una vieja tira cómica de Pogo. Y allí estaba Pogo Possum, con un sombrero de un general de la colonia, hecho de papel, sosteniendo una espadita de madera y parado imitando a George Washington en la cima de una roca. De la boca de Pogo salía un bocadillo con esas palabras famosas: «Hemos encontrado al enemigo... ¡y está en nosotros!».

«Hemos encontrado al enemigo... ¡y está en nosotros!» es justa la manera en que me siento muchas noches al finalizar otro día que comenzó con buenas intenciones. El desaliento viene cuando me doy cuenta de que yo también opto por mirar el promedio nacional de 6,4 horas de televisión... de que decido comer cosas que casi siempre llevan a las personas a la categoría de los «diez kilos de sobrepeso»... de que casi ni he tocado la lista de «cosas para hacer» (¡ni siquiera puedo encontrarla!)... o de que no he abierto mi Biblia. En verdad soy mi peor enemiga en lo que respecta a ser una mujer disciplinada. ¡Cuánto necesito los frutos del Espíritu de la fidelidad y el dominio propio!

Tomemos un tiempo para revisar

Antes de comenzar esta sección final del libro, quiero que volvamos a pensar en nuestro progreso. En nuestro viaje para descubrir el significado de cada fruto del Espíritu que aparece en Gálatas 5:22-23, primero aprendimos acerca del amor, la alegría y la paz: actitudes que florecen con un gran sacrificio.

Luego hablamos del desafío del trato de las personas a la manera de Dios, y a la manera en que lo hizo Jesús, al mirar al Espíritu Santo en busca de su paciencia, su amabilidad y su bondad.

Y ahora, llegó el momento de avanzar para conquistar la disciplina personal. Si con solo pensarlo te hace temblar, regocíjate... ¡y relájate! ¡Hay esperanza! La fidelidad, la humildad y el dominio propio son regalos de gracia de Dios que hacen posible que triunfes sobre la debilidad, impulsividad y vagancia. Cuando caminas por el Espíritu, conquistas la falta de decisión, la terquedad y los deseos malsanos. ¡Así que sigue adelante! Tal vez sea un camino difícil, pero al otro lado espera un modelo para la victoria por medio del Espíritu de Dios.

Ahora bien, lo primero en la lista de Dios para organizarte es la fidelidad.

Averigüemos un poco más acerca de la fidelidad

Como cristianas, la fidelidad de Dios debe ser parte de nuestro carácter. Y la fidelidad es esencial porque, como dijera alguien: «El criterio final que Dios usará para juzgarnos no será el éxito, sino la fidelidad»[1]. Los siguientes enfoques te ayudarán a comprender la fidelidad y a cómo caminar mejor en ella.

Primer enfoque: El Dios de la fidelidad. Desde la primera a la última página de la Biblia, vemos la fidelidad de Dios. En primer lugar, comprendemos que Dios es fiel. El salmista declara: «Por todas las generaciones proclamará mi boca tu fidelidad» (Salmo 89:1). Eso fue lo que hizo Moisés cuando alabó a Dios, regocijándose: «Él es la Roca [...] Dios es fiel» (Deuteronomio 32:4). Y aquí tienes una reflexión: Un erudito llegó a la siguiente conclusión: «Dios es una Roca [...] y en nosotros debiera haber algo de la roca»[2].

En segundo lugar, el Nuevo Testamento nos muestra que Jesús es fiel. Su nombre mismo es «Fiel y Verdadero» (Apocalipsis 19:11). Su demostración sublime de fidelidad es la siguiente: Como Jesús fue fiel, «se rebajó voluntariamente, tomando la naturaleza de siervo y haciéndose semejante a los seres humanos. Y al manifestarse como hombre, se humilló a sí mismo y se hizo obediente hasta la muerte, ¡y muerte de cruz! (Filipenses 2:7-8)»[3].

Y aquí hay algo más que aprendemos: la Palabra de Dios es fiel. Al apóstol Juan se le dijo que escribiera sus visiones porque «estas palabras son verdaderas y dignas de confianza» (Apocalipsis 21:5). ¡Tenemos la bendición de experimentar la fidelidad del Altísimo *y* de la Biblia!

Segundo enfoque: El centro de la fidelidad. La fidelidad se define como lealtad, veracidad o firmeza. Es característica de la persona que es confiable e incluye nuestra fidelidad a Dios y a su voluntad, a Dios y a su Palabra, así como nuestra lealtad hacia los demás. También significa fidelidad no solo de hecho, sino de palabra.

Tercer enfoque: Las marcas de la fidelidad. ¿Qué hace la fidelidad? ¿Cómo es la fidelidad en acción? Bueno, si estuvieras mirando a una mujer que camina con Dios por su Espíritu, notarías las siguientes marcas:

- Sigue adelante... con cualquier cosa que tenga que hacer.

- No falla... sin importar lo que suceda.

- Entrega la mercancía... ya sea que se trate de un producto devuelto o de un trabajo para la escuela.

- Se presenta... incluso temprano, para que los demás no se preocupen.

- Mantiene su palabra... su *sí* significa *sí* y su *no* significa *no* (Santiago 5:12).

- Mantiene sus compromisos y citas... . no la verás cancelando.

- Con éxito, hace negocios... cumpliendo cualquier instrucción que se le dé.

- Asiste con regularidad a la iglesia... y no descuida la adoración.

- Se dedica a la obra... así como Jesús lo hizo cuando vino a hacer la voluntad de su Padre (Juan 4:34).

Cuarto enfoque: Las cosas opuestas a la fidelidad. Podemos aprender mucho de las cosas opuestas. Por ejemplo, una de las cosas opuestas es la inconstancia. Ya conoces a personas cambiantes: cambian de opinión, cambian de lealtad, cambian sus normas. Nada parece tener demasiada importancia. Nada parece merecer un compromiso auténtico.

Otra cosa opuesta a la fidelidad es la *falta de confiabilidad.* Una persona poco confiable no cumple, no se puede depender de ella, ni se le puede confiar información, ni responsabilidades. Como dice el refrán: puedes depender del Señor, ¿pero el Señor puede depender de ti?

Definamos la fidelidad: La fidelidad significa «¡Hazlo!»

Al pensar en la fidelidad, escogí como mi propia definición el eslogan: «¡Hazlo!» o, para citar el anuncio de zapatos de Nike: *«¡Simplemente hazlo!»*. La fidelidad significa hacerlo... sin importar lo que suceda. Hacerlo sin importar los sentimientos, los estados de ánimo o los deseos: si el Señor quiere (Santiago 4:15).

«¡Hazlo!» se ha transformado en mi lema a medida que lucho cada día con mis esferas especiales de debilidad. El cansancio está en la cima de la lista... seguido de cerca por la vagancia. Sin embargo, cuando tomo una decisión de *hacerlo* y acudo a Dios en busca de su fuerza y propósito para *hacerlo*, Él me da la gracia para tener victoria sobre las dos cosas. Más adelante observaremos otros enemigos de la fidelidad, pero por ahora deja que el lema *«¡Hazlo!»* te movilice hacia una mayor fidelidad. Inténtalo... durante una hora, un día, una semana. Creo que te sorprenderás (¡y a los demás!) cuando vean crecer este fruto inquebrantable en tu vida a través de la obra del Espíritu fiel de Dios.

¡Y no hay nada como las Escrituras para ayudarte a crecer! ¿Tu bolígrafo está cerca? Tómalo ahora y anota cómo cada uno de estos versículos pueden ayudarte a organizarte con respecto a la fidelidad.

✎ *Una palabra de la Palabra de Dios acerca de la fidelidad...*

- Lamentaciones 3:22-23: *«El gran amor del Señor nunca se acaba, y su compasión jamás se agota. Cada mañana se renuevan sus bondades; ¡muy grande es su fidelidad!»*.

- Romanos 3:3: *«Pero entonces, si a algunos les faltó la fe, ¿acaso su falta de fe anula la fidelidad de Dios?»*.

- Apocalipsis 19:11: «*Luego vi el cielo abierto, y apareció un caballo blanco. Su jinete se llama Fiel y Verdadero. Con justicia dicta sentencia y hace la guerra*».

- Apocalipsis 21:5 y 22:6: «*El que estaba sentado en el trono dijo: "¡Yo hago nuevas todas las cosas!" Y añadió: "Escribe, porque estas palabras son verdaderas y dignas de confianza" [...] El ángel me dijo: "Estas palabras son verdaderas y dignas de confianza. El Señor, el Dios que inspira a los profetas, ha enviado a su ángel para mostrar a sus siervos lo que tiene que suceder sin demora"*».

- 1 Corintios 4:2: «*Ahora bien, a los que reciben un encargo se les exige que demuestren ser dignos de confianza*».

Comprende la necesidad de la fidelidad

¡Vaya, sí que se necesita la fidelidad! Las mujeres, seamos mayores o más jóvenes, tenemos muchas (¡*muchas!*) tareas dadas por Dios, y no hay manera de cumplirlas sin la fidelidad. La diligencia y la disciplina fiel son necesarias a cada paso del camino... y a lo largo del día. Por ejemplo...

La tarea escolar: Al igual que tú, tengo «tarea escolar» y artículos que entregar, pues trabajo cada día a fin de cumplir con mis fechas límites y entregar los manuscritos de mis libros... además de ocuparme de la casa: tanto de las personas como del lugar. Mi trabajo en el escritorio en verdad me fuerza a seguir mi máxima: «*Hazlo*». La llamo «la disciplina del escritorio» y en mi mente me encadeno allí todos los días a completar mi trabajo, a cumplir con mis compromisos, a llegar a tiempo, ¡a entregar mi tarea! Me gusta lo que el gran estadista británico, Winston Churchill, dijera acerca de cumplir con sus escritos, con su «tarea». Escribió: «Enciérrate en tu estudio [...] y oblígate a escribir. ¡Codéate! ¡Patéate! Es la única manera»[4]. Es otra forma de decir «Hazlo» en lo que se refiere al escritorio.

Los devocionales: Estoy segura de que deseas la marca de la frescura de Dios en tu vida. ¿Y cómo se logra? Yendo cada día a la Palabra de Dios con fidelidad. Así como una flor necesita agua para florecer, nosotras también bebemos a diario de la Palabra viva de Dios.

Los amigos: Es necesario que seas fiel a tus amigas, pero primero debes asegurarte de tener las amigas adecuadas: amigas que conozcan y amen a Jesucristo. Luego, sé fiel a ellas, permanece a su lado mientras juntas se enfrentan a los desafíos de la escuela... incluso a las persecuciones que quizá vengan con tus creencias. Y con esos amigos y conocidos que todavía no conocen a Jesús, sé amable y amistosa... y fiel en hablarles de Él.

La iglesia: Dios espera que seas fiel en la iglesia. Para comenzar, la asistencia fiel fomenta tu crecimiento espiritual. La iglesia también es el lugar en el que sirves al pueblo de Dios, lo cual demanda fidelidad.

William Carey, el padre de las misiones modernas, ¡fue fiel en su servicio a Dios en la India durante cuarenta y un años! Cuando le preguntaron cuál era su secreto para el éxito como misionero, respondió: «Puedo batallar, puedo perseverar en cualquier búsqueda definida. A esto le debo todo»[5]. ¡Influyes en el mundo cuando eres fiel solo al batallar en cualquier obra que Dios te llame a hacer!

Las luchas para ser fiel

No hay dudas que ser fiel es una lucha natural y carnal. ¡Por eso necesitamos tanto decidirnos a ir a Dios en busca de su fuerza!

Cada día nos tientan a no hacer nada... o lo menos posible. Cada día luchamos con excusas y desafíos como estos:

- *El cansancio*... dice: «No puedo hacerlo». El cansancio se queja: «No puedo levantarme... no puedo levantarme y alcanzar el autobús... no puedo ir a la iglesia... no puedo estudiar... ¡Es que estoy muy cansada!».

- *La vagancia*... dice: «No quiero hacerlo». La vagancia lloriquea: «No quiero hacer mis tareas... no quiero levantarme y ver cómo está mi hermanito... no quiero anotarme en un ministerio... no quiero ir al estudio bíblico».

- *La desesperanza*... dice: «No importa si lo hago». La desesperanza pregunta: «¿Para qué intentarlo?», y luego se da por vencida. La desesperanza llega con facilidad a la conclusión de que «no importa si lo hago».

- *La dilación*... destruye la fidelidad con su actitud de «lo haré más tarde». La dilación anuncia: «Me prepararé para esa clase más tarde... terminaré mi tarea más tarde... limpiaré mi habitación más tarde... llamaré a los miembros de mi grupo de estudio más tarde». ¿Y qué pensamos que sucederá justo más tarde? ¿En verdad pensamos que el frenesí de la vida reducirá la velocidad, que aparecerán algunos minutos mágicos de manera milagrosa, que energía nueva llegará de forma misteriosa y que sentiremos ganas de hacer la tarea que posponemos?

- *La racionalización*... es una perspectiva sutil pero maliciosa de ver la vida y las responsabilidades. La racionalización dice: «Otra persona lo hará». La racionalización calcula: «Otra persona preparará la reunión... otra persona dará el anuncio... otra persona se preparará para el grupo».

- *La apatía...* dice: «No me importa si lo hago». La apatía se encoge de hombros y dice: «No me importa si se lavan los platos... no me importa si soy una buena hija o hermana o estudiante... no me importa si leo mi Biblia... no me importa si crezco... no me importa si doy fruto».

- *La rebelión...* es la actitud que más debería asustarnos. La rebelión dice: «No lo haré». La rebelión afirma con obstinación: «No haré lo que dice la Biblia... No ayudaré en casa... no haré lo que piden mis padres... no haré lo que recomendó el consejero». La rebelión es una dureza que deberíamos temer porque, como enseña la Biblia: «El que es reacio [...] será destruido de repente y sin remedio» (Proverbios 29:1). No hay una actitud del corazón que sea más fatal que la rebelión: ya sea una rebelión descarada y directa o una rebelión tranquila, en la que solo vas por la vida en silencio, haciendo lo que quieres.

¿Te preguntas dónde puedes conseguir la fuerza necesaria para toda esta fidelidad? ¿Adónde puedes obtener el deseo? ¿Adónde puedes obtener la ayuda que tanto necesitas? Pues bien, ¡hay buenas noticias! Nuestro maravilloso Dios termina nuestras luchas al poner a nuestro alcance todo lo que necesitamos para ser fieles a través de su gracia.

Alabado sea Dios que tú y yo podemos optar por acudir a Él cuando estamos demasiado cansadas, cuando nos falta compromiso, cuando estamos demasiado enfermas o cuando sentimos demasiada autocompasión. Podemos elegir hacer lo mismo que David, el pastor de ovejas-rey de Israel. Él «halló fortaleza en Jehová, su Dios» (1 Samuel 30:6, RV-60). David declaró muchas veces: «El SEÑOR es el baluarte de mi vida» (Salmo 27:1). También nosotras podemos encontrar en Él la fuerza (*su* fuerza), la visión (*su* visión) y la fidelidad (*su* fidelidad). Por cierto, está a la espera para darnos su fidelidad.

La respuesta del corazón

Mi amiga, ¡la fidelidad es una rareza tan grande en este mundo! ¿Te das cuenta de que si vas a caminar en fidelidad te transformarás en una «heroína», en uno de los héroes fieles de Dios y un héroe para los demás? Cierro este capítulo con la siguiente definición de «héroe». ¡Mi oración es que te movilice a escoger acudir a Dios para una mayor fidelidad!

El héroe no se prepara para serlo. Es probable que se sorprenda más que los demás por este reconocimiento. Estaba allí cuando ocurrió la crisis [...] y respondió como siempre lo había hecho en cualquier situación. Sencillamente, ¡estaba haciendo lo que había que hacer! Fiel donde estaba, en su tarea [...] estaba preparado cuando surgió la crisis. Como estaba donde tenía que estar [...] haciendo lo que tenía que hacer [...] respondiendo según su costumbre [...] a las circunstancias a medida que se desarrollaban [...] dedicado a su tarea [...] ¡hizo algo heroico![6]

Cosas para hacer hoy y caminar en fidelidad

1. Decide visitar a Dios en oración. David escribió: «Cuando te llamé, me respondiste; me infundiste ánimo y renovaste mis fuerzas» (Salmo 138:3).

2. Decide ser fiel en las pequeñas cosas. «El que es honrado en lo poco, también lo será en lo mucho; y el que no es íntegro en lo poco, tampoco lo será en lo mucho» (Lucas 16:10).

3. Decide depender de la fuerza de Dios. «Todo lo puedo en Cristo que me fortalece» (Filipenses 4:13).

4. Decide luchar contra la autocompasión. «Golpeo mi cuerpo y lo domino» (1 Corintios 9:27).

5. Decide eliminar la vagancia y el ocio. «El pan que [ella] come no es fruto del ocio» (Proverbios 31:27).

6. Decide comenzar por casa. «Está atenta a la marcha de su hogar» (Proverbios 31:27).

7. Decide ser fiel en todas las cosas. Las mujeres deben ser «dignas de toda confianza» (1 Timoteo 3:11).

8. Decide realizar un cuestionario rápido acerca de tu propio caminar cristiano. Luego pídele a Dios su fuerza para esforzarte y obtener su fidelidad en tu vida... solo por hoy.

¿Te gustaría saber más acerca de la fidelidad? ¡Echa un vistazo!

✓ Lee Mateo 25: 14-30, la parábola de Jesús acerca de los talentos. ¿Qué palabras utilizó Jesús para elogiar a los que eran confiables?

¿Qué palabras utilizó con respecto a los que no eran fieles?

¿Qué te resulta más alentador de la historia de Jesús y de su enseñanza acerca de la fidelidad?

✓ Lee 1 Timoteo 3:11 y enumera las cuatro cualidades que se requieren de una mujer que sirve en la iglesia.

¿Por qué crees que la fidelidad es uno de los requisitos para el servicio a otros en la iglesia?

✓ Lee los siguientes versículos en tu Biblia, y fíjate cómo cada uno te instruye acerca de la fidelidad y te alienta a ser fiel.

Salmo 138:3:

Proverbios 31:27:

Lucas 16:10:

1 Corintios 9:27:

Filipenses 4:13:

11

Una decisión de soportarlo

El fruto del Espíritu es [...] humildad.
Gálatas 5:22-23

Antes de comenzar a enseñar y a escribir sobre el fruto del Espíritu, ¡medité acerca de la humildad durante todo un año! No hace falta decir que fue todo un año dedicado a cultivar la humildad en mi propia vida. Luego, a medida que continué mi estudio y que con esfuerzo escribí este libro, Dios me ha dado un segundo año para pensar en la humildad.

Aquí tienes algo que he descubierto en el proceso: De todas las flores que hay a lo largo del camino que transitamos junto a Dios, la flor de la humildad parece muy frágil, y sin embargo, como vemos enseguida, surge de los sistemas de raíces subterráneos más fuertes. Entonces, ¿qué hace que florezca la flor de la humildad?

Averigüemos un poco más acerca de la humildad

A medida que nos acercamos al final de nuestro viaje hacia lo que significa caminar por el Espíritu, recuerda que organizarte requiere fidelidad. La fidelidad sencillamente «lo hace», no importa lo que haya que hacer en tu camino. Y «hacerlo», demanda apoyarse en Dios y acudir a Él en busca de fortaleza y determinación. Ahora bien, en el caso de la humildad, pronto aprendemos que debemos volver a depender de Dios.

¿Qué es con exactitud el fruto del Espíritu llamado humildad? En resumen, la humildad...

- significa ser dulce o manso, modesto o humilde,
- es una manera de autocontrol que solo Cristo puede dar,
- se expresa a través de un espíritu dócil hacia Dios y el hombre, y
- es lo opuesto a la arrogancia independiente.

Y, como descubrirás, la humildad crece de verdad en un invernadero... ¡y hay que pagar un alto precio para cultivar su flor!

Capta el significado de la humildad

¿Por qué la humildad tiene un precio tan alto? ¿Y cómo crece en nuestros corazones? He aquí algunas respuestas.

1. *La humildad significa confiar en el Señor*: A esta altura, no hay duda de que sabes que debes confiar en el Señor para cada fruto del Espíritu... y no hay diferencia con la humildad. Al explicar las palabras de Jesús: «Dichosos los humildes, porque recibirán la tierra como herencia» (Mateo 5:5), un erudito de la Biblia escribió:

«Los humildes» [o mansos] describen a la persona que no es rencorosa. La persona que no guarda rencor [...] que encuentra refugio en el Señor y le entrega por completo su camino a Él [...] Sin embargo, la *humildad* no es *debilidad* [...] Es una sumisión bajo la provocación, la voluntad de *sufrir* en lugar de *ocasionar* heridas. La persona humilde [o mansa] deja todo en manos de aquel que ama y se preocupa[1].

¿Lo entendiste? La humildad *no* es rencorosa, *no* guarda rencor y *no* se dedica a reflexionar en las heridas presentes o pasadas.

Entonces, ¿qué hace en cambio la mujer caracterizada por la humildad? Encuentra refugio en el Señor y en sus caminos. Esto le permite resistir los malos tratos y el sufrimiento en sumisión humilde a un Padre comprensivo y que todo lo sabe, confiando por completo en su amor.

¿Te preguntas cómo puede ser que alguien pueda soportar un maltrato de esta índole? Para mí, la respuesta se reduce a una palabra: fe. No, que sean tres palabras: ¡fe en Dios! El sistema invisible de raíces de la humildad se inserta en las profundidades del rico suelo de la fe. La fe cree que Dios puede ayudarnos a manejar todo lo que sucede en nuestras vidas. Nuestra fe en el Dios detrás de esta verdad evita que luchemos y peleemos porque la fe cree que Dios tiene los medios, que nos los dará y que peleará por nosotros (Salmo 60:12).

Ahora bien, ¿ves por qué he estado trabajando con este fruto durante dos años? ¡Siento que he estado haciéndolo durante mucho más!

2. *La humildad significa someterse al Maestro:* Un experto en el idioma griego nos pinta una imagen de la humildad. Escribe: «El adjetivo humilde [...] se utiliza para un animal que se ha domado y sometido bajo control»[2]. ¿Te das cuenta...

- de que la palabra *domado*, que es la opuesta de salvaje, describe a alguien acostumbrado al control de otro?
- de que la palabra *domado* indica a alguien cuya voluntad se ha sometido o alguien que ha permitido que lo domine la voluntad de otra persona?
- por lo tanto, la persona domada...
  — se ha moderado y demuestra una dependencia completa hacia otra persona.

— le ha cedido toda su voluntad al control de otra persona.

— obedece en forma incondicional y humilde lo que se le ordena y acepta lo que se establece.

— es dócil, obediente y maleable, en contraposición a salvaje.

— es fácil tratar con ella y estar con ella[3].

¡Tú (¡y yo también!) tal vez no estés segura de que te guste lo que estás leyendo o lo que implica la humildad! Aun así, ayuda pensar acerca de la mansedumbre en función de la sumisión a tu Maestro, el Señor Jesús. ¿No deseas que Él te controle? ¿No anhelas en verdad que Él se haga cargo por completo de tu vida? ¿Que te guíe y te conduzca? ¿Que te proteja y se preocupe por ti a medida que lo sigues de manera incondicional en fe? ¿No quieres que sea sencillo tratar contigo y estar contigo?

¡Creo que sí! Así que suelta un gran suspiro de alivio y entrégale a Dios cualquier parte de tu vida que todavía no le hayas dado. Dale gracias, como tu Maestro y como el Maestro Jardinero, por poder ocuparse de toda tu persona.

3. *La humildad significa seguir el ejemplo de Jesús*: Tengo que hacer una confesión. A medida que la definición de la humildad se hacía más clara... y difícil, me sentía cada vez más abatida. Sin embargo, cuando vi en la Palabra de Dios que Jesús era humilde, el significado de la humildad se hizo mucho más claro y genial.

He aquí cómo se describió Jesús. Hizo un llamamiento: «Carguen con mi yugo y aprendan de mí, pues yo soy apacible y humilde de corazón» (Mateo 11:29). ¿Quieres seguir el ejemplo de Jesús de humildad? Entonces entrégale tu camino a Él. La humildad de Jesús se basaba en una confianza total en su amoroso Padre. Y también la tuya puede estarlo, mientras sigues su ejemplo.

4. *La humildad significa inclinar el alma*: El Antiguo Testamento nos da una hermosa descripción verbal que me ayudó con la humildad. Visualiza esto: El término del Antiguo Testamento para la palabra humildad (*anah*)[4] describe una gavilla de grano madura con la cabeza inclinada hacia abajo, doblegada. Solo piénsalo. A medida que el trigo crece, los brotes jóvenes se elevan por encima del resto. Sus cabezas crecen muchísimo porque todavía no se han formado los granos. En su inmadurez, ha aparecido muy poco «fruto», si es que ha aparecido algo. No obstante, a medida que pasa el tiempo y se instala la madurez, el fruto se desarrolla y crece, tanto que la gavilla pesada se dobla y su cabeza se hunde cada vez más. Y cuanto más se dobla la cabeza, mayor es la cantidad de fruto que hay en ella.

Ah, que seamos esta clase de mujeres cristianas... con la cabeza agachada, moderadas y maduras, ¡habiendo superado las etapas del orgullo! ¡Ah, si solo nos inclináramos en necesidad, doblegáramos el alma y confiáramos en Dios!

Vístete de humildad

La humildad significa ponerse un espíritu humilde. La humildad requiere una elección de nuestra parte; una elección y una decisión de «ponerse» las ropas de la humildad (1 Pedro 3:4). ¿Qué prendas individuales conforman el guardarropa de la humildad? De 1 Pedro 3:1-6 descubrimos:

— *La prenda de la sumisión* (versículo 1): Todos los cristianos deben someterse los unos a los otros. (Los cristianos deben someterse a toda institución humana en el gobierno[5], los siervos deben someterse a sus amos con todo respeto[6], Cristo se sometió sin decir palabra a sus torturadores[7], y a las esposas se les alienta a ser sumisas a sus propios esposos[8]).

— *La prenda de la conducta íntegra y respetuosa* (versículos 1-2): Esto se refiere a una conducta temerosa de Dios e intachable. Es un comportamiento que se niega a pelear, se niega a ceder al enojo, se niega a pensar en la venganza y se niega a imponerse.

— *La prenda de un espíritu suave y apacible* (versículos 3-4): En lugar de estar obsesionada con tu apariencia externa, la Biblia dice que, como mujer de Dios, debes concentrarte en tu condición interior, la condición de tu corazón, en la «persona escondida del corazón». Tu objetivo es un corazón que refleje un espíritu suave y apacible. «Suave» significa que no produzca disturbios, y «apacible» significa tomar con tranquilidad los disturbios que ocasionan los demás[9]. Solo Dios puede darte la fortaleza para no crear disturbios, hacer una escándalo, provocar problemas... y no reaccionar frente a cualquier disturbio que provoquen los demás.

— *La prenda de la confianza* (versículo 5): «Las santas mujeres» del pasado «esperaban» en Dios. Su confianza miraba a Dios con esperanza y descansaba en Él[10]. ¡Y nada ha cambiado!

— *La prenda de la fe* (versículo 6): Sara no le dio lugar a «ningún temor». Al igual que ella, pon tu fe y confianza en Dios en práctica a medida que aceptas con gracia los detalles de tu vida que contribuyan a un espíritu suave y apacible.

Como mujer de Dios, debes escoger ponerte cada una de estas prendas de la humildad: la sumisión, la conducta íntegra y respetuosa, un espíritu suave y apacible, la confianza y la fe. Así como te vistes cada día y eliges la ropa que te pones, debes visitar el armario de Dios todas las mañanas y decidir ponerte estas prendas que contribuyen a un estilo combinado: un espíritu humilde. ¡Dios dice que este estilo y este corazón son únicos y preciosos, y que tienen mucho valor (versículo 4)!

✏ *Una palabra de la Palabra de Dios acerca de la humildad...*

Antes de dejar la inspección de estas prendas que conformarán tu guardarropa espiritual, lee 1 Pedro 3:1-6:

> *Así mismo, esposas, sométanse a sus esposos, de modo que si algunos de ellos no creen en la palabra, puedan ser ganados más por el comportamiento de ustedes que por sus palabras, al observar su conducta íntegra y respetuosa. Que la belleza de ustedes no sea la externa, que consiste en adornos tales como peinados ostentosos, joyas de oro y vestidos lujosos. Que su belleza sea más bien la incorruptible, la que procede de lo íntimo del corazón y consiste en un espíritu suave y apacible. Esta sí que tiene mucho valor delante de Dios. Así se adornaban en tiempos antiguos las santas mujeres que esperaban en Dios, cada una sumisa a su esposo. Tal es el caso de Sara, que obedecía a Abraham y lo llamaba su señor. Ustedes son hijas de ella si hacen el bien y viven sin ningún temor.*

Ahora bien, fíjate cuáles prendas te resultan más difíciles de poner. Cuenta por qué. Luego, cuenta lo que harás con cada prenda necesaria para la humildad en tu vida.

¿Hay algunas personas a las que no quieres someterte?

¿Peleas o te enojas con los demás, digamos, con tus padres, hermanos o hermanas, o algunas personas en la escuela?

¿Dirías que pasas más tiempo mejorando tu apariencia externa o tu corazón?

En general, ¿confías en el Señor y descansas en Él?

¿Te resulta difícil, mediante la fe, aceptar con gracia los detalles de tu vida?

Definamos la humildad: La humildad significa «¡Sopórtalo!»

Mi definición personal de la mujer que practica la humildad o la mansedumbre es que lo *soportará*. ¿Y qué soporta? ¿Lo recuerdas? Resiste con tranquilidad los disturbios que crean los demás. Soporta los malos tratos. Permanece en calma en medio de la confusión. Como lleva la imagen de Jesús y de su sufrimiento en su mente y su corazón, lo soporta. Y esto cultiva el fruto de la humildad de Dios.

Sé que puede ser difícil de tragar, y hay excepciones morales evidentes (como el abuso físico). Además, siempre debiéramos pedirle a Dios sabiduría (Santiago 1:5). Con todo, por favor, abre tu corazón y tu mente a la belleza de este fruto. ¡Dios desea tanto que esta belleza preciosa y única de la humildad caracterice nuestras vidas! Escucha estos pensamientos acerca de la humildad:

> La humildad «es la tranquilidad perfecta del corazón. Es que no tenga ningún problema para mí; que nunca me preocupe, me enoje, me irrite, me harte ni me desilusione [...] Es el fruto de la obra redentora del Señor Jesucristo en la cruz del Calvario, manifiesta en los que le pertenecen y están bajo sujeción definitiva del Espíritu Santo»[11].

> La humildad «es [...] en primer lugar y ante todo hacia Dios. Es ese temperamento de espíritu en el cual aceptamos los tratos [de Dios] con nosotros como algo bueno y, por lo tanto, sin discutir ni resistir. [Es un corazón humilde] que [...] no lucha contra Dios ni [...] pelea ni contiende con Él. Esta mansedumbre, sin embargo, al ser en primer lugar una mansedumbre hacia Dios, también lo es delante de los hombres»[12].

Sí, es verdad que a los ojos de los demás, la humildad tal vez parezca una debilidad. No obstante, ¡producir este fruto demanda la mayor de las fuerzas! Por cierto, a la humildad se le ha llamado «el fruto del poder»[13]. ¡Y son la fuerza y el poder que vienen al mirar a Dios!

La respuesta del corazón

A medida que luchamos con el camino hacia la humildad y con la manera de traerla a nuestras vidas, hay algunas cosas que tienes que pensar y por las que tienes que orar. ¿Tu vida muestra el fruto de la humildad? ¿Conoces alguna manera o esfera en la que no estés sometiéndote a Dios y a su dirección en tu vida? ¿Te parece que la mansedumbre de Dios es una debilidad? En general, ¿guardas rencor contra los demás o piensas en la venganza? ¿O en la mayoría de los casos puedes mirar más allá de cualquier herida que te causen... hacia el Dios de sabiduría? Tal vez quieras registrar tus primeras impresiones. Y a lo mejor quieras anotar lo que harás para crecer en el fruto de la humildad. A decir verdad, ¡podrías hacerlo aquí mismo, ahora mismo!

Cosas para hacer hoy y caminar en humildad

1. Confía en Dios: Confía en que, en todas las cosas, Dios sabe lo que está haciendo en tu vida.

2. Ora pidiendo humildad: La oración desarrolla los hábitos humildes de la reverencia, la inclinación, el ponerse de rodillas, el ceder y la sumisión a Dios.

3. Niégate a quejarte y a rezongar: Según observa un creyente sabio, quejarse «es una acusación contra Dios. Cuestiona su sabiduría y el buen juicio de Él. Dios siempre equiparó la queja con la falta de fe [porque] quejarse es dudar de Dios. Es lo mismo que sugerir que Dios no sabe lo que está haciendo en realidad»[14].

4. Niégate a manipular: Deja que Dios resuelva tus problemas por ti. Pon tu fe en pasajes como los que aparecen en la próxima sección.

¿Te gustaría saber más acerca de caminar en humildad? ¡Echa un vistazo!

✓ ¿Qué ordena Dios en los versículos siguientes?

Gálatas 6:1:

Efesios 4:2:

Colosenses 3:12:

1 Timoteo 6:11:

2 Timoteo 2:24-25:

Tito 3:1-2:

✓ ¿Por qué es tan importante la humildad para Dios?

¿Por qué es tan importante la humildad para tu caminar con Dios?

✓ Considera estos ejemplos de la Biblia de algunos que aprendieron lo que significaba «soportarlo», de acudir a Dios en busca de su humildad en sus situaciones de prueba.

Los apóstoles: Hechos 5:40-41

Esteban: Hechos 7:54-60

Pablo y Silas: Hechos 16:22-25

Los siervos de amos tanto buenos como malos:
1 Pedro 2:18-21

✓ ¿Qué te enseñan los siguientes pasajes acerca de la confianza en Dios, un paso esencial hacia la humildad? ¿Y por qué puedes confiar en Él?

Salmo 60:12:

Salmo 37:6-7:

Salmo 57:2:

Salmo 138:8:

¿Cómo estas verdades te ayudarán a que recuerdes «soportarlo»?

12

Una decisión de no hacerlo

El fruto del Espíritu es [...] dominio propio.
Gálatas 5:22-23

Era viernes por la noche. Jim y yo estábamos sentados en la segunda fila con nuestras dos hijas y sus amigas de la universidad. La multitud de miles que estaban sentados en nuestra iglesia se movían con expectativa. Había oído acerca del orador desde mis primeros días como cristiana y también había leído su libro clásico *Liderazgo espiritual*. Y, ahora, ¡J. Oswald Sanders iba a hablarnos en persona! Era una de esas experiencias que suceden una vez en la vida. ¡Y lo confieso! Hasta me pellizqué para asegurarme que fuera real.

Cuando el Dr. Sanders subió los cinco escalones que llevaban hacia el púlpito, contuvimos la respiración. Esto se debe a que este santo de noventa y dos años necesitó que dos hombres lo ayudaran a subir las escaleras. Sin embargo, de manera asombrosa, una vez que terminó de saludar y abrió su vieja Biblia para comenzar a enseñar acerca de la Palabra de Dios, le sobrevinieron fuerza y vigor. Pareció transformarse delante de nosotros. Fuimos testigos del poder en la vida de un hombre que había dedicado sus muchas décadas a servir y a amar al Señor, un hombre que había caminado con Dios durante casi un siglo.

¿Alguna vez te preguntas cómo puedes llegar a la estatura espiritual de un gigante como J. Oswald Sanders? Creo que la respuesta para esa pregunta se aclara cuando comprendes a qué cualidad del carácter le otorgaba mayor importancia para la vida espiritual y el liderazgo. Su número uno en la lista de «Cualidades esenciales para el liderazgo» era... ¡la disciplina! Escribe:

> Esta cualidad se nombra en primer lugar porque sin ella los otros dones, no importa cuán importantes sean, no llegarán a su máximo desarrollo. Solo la persona disciplinada llegará a su perfeccionamiento más alto y completo usando todos sus poderes. El líder es capaz de dirigir a otros porque se ha conquistado a sí mismo[1].

La conquista de uno mismo, la autodisciplina, es de lo que se trata el fruto del Espíritu del dominio propio. Este importante regalo de Dios es otra clave que, una vez que se elige y se usa bien, inflama el poder que alimenta el fruto del Espíritu. Verás, el dominio propio inflama la energía espiritual necesaria para encender toda la vida cristiana. ¿Cómo?

Revisemos el fruto de Dios

Piensa en la importancia del dominio propio y de los frutos del Espíritu durante un momento, comenzando con...

... El amor, la alegría y la paz. Puedes saber acerca del amor y de lo que hace. Y puedes tener el deseo de amar. Aun así, el dominio propio de Dios te ayuda a poner en práctica ese amor. Lo mismo sucede con la alegría y la paz.

... La paciencia, la amabilidad y la bondad. Cuando cada fibra de tu carne quiere enojarse y explotar, o las circunstancias

hacen que te resulte difícil ser amable o bueno con los demás, solo el dominio propio del Espíritu Santo puede ayudarte a otorgar estas respuestas piadosas.

... *La fe y la humildad.* A esta altura sabes cuánto se necesita el dominio propio del Espíritu para cumplir con fidelidad cuando la vagancia y el orgullo surgen con tanta facilidad. También sabes que solo el dominio propio de Dios puede darte la fuerza y la humildad para «soportarlo».

Y ahora, el último fruto de la lista de Dios, el dominio propio. ¡Y vaya, cómo necesitamos este fruto! Es poderoso. Es esencial para la vida cristiana. Y es una base sólida como una roca para nuestro viaje a fin de ser semejantes a Jesús. Así que nos preguntamos: ¿Cómo logramos comprender algo tan grande y tan importante? La respuesta: Ayuda comprender lo que significa el dominio propio.

Averigüemos un poco más acerca del dominio propio

Me encanta la dulzura del fruto del Espíritu que es la humildad y pensar en él como en una prenda suave y hermosa que nos ponemos cuando caminamos en el Espíritu. Sin embargo, la ropa espiritual del dominio propio se parece más a una armadura. Por cierto, para practicar el dominio propio es necesario vestir el equipo de batalla y pensar como un guerrero. Verás el porqué a medida que sigas leyendo.

Para comenzar, la raíz de la «autodisciplina» supone el autocontrol de los deseos y las concupiscencias[2]. El famoso filósofo griego Platón utilizó este término para describir a la persona que ha dominado sus deseos y el amor por el placer[3]. El dominio propio es el poder de control de la voluntad bajo la operación del Espíritu de Dios[4], literalmente la contención de uno mismo con mano firme por medio del Espíritu[5]. En términos sencillos, el dominio propio es la capacidad de mantenernos a nosotros mismos bajo control[6].

¿Te fijaste en los dos asuntos que se repiten en estas definiciones? Uno es el control de uno mismo: como el autocontrol, el autogobierno y el dominio propio[7]. El segundo hilo en común es el objeto de control: nuestras pasiones, apetitos, placeres, deseos e impulsos[8]. En otras palabras, todo lo que es físico, sensual y sexual. ¡Piénsalo! Esto incluye todo lo que vemos, oímos, tocamos, pensamos y anhelamos. Dios se esforzó mucho para enumerar las obras de la carne en Gálatas 5, entre ellas, la inmoralidad, la impureza, la sensualidad, las borracheras y las orgías. Sin duda, ¡ningún hijo de Dios quisiera tener una vida marcada por estas obras! Con todo, solo el dominio propio del Espíritu puede ayudarnos a evitarlas.

Obtén la victoria a través del dominio propio

Cuando caminas por el Espíritu, el dominio propio de Dios es evidente en tu vida. Allí es cuando reflejas estos puntos fuertes que obtienen la victoria sobre el pecado:

- El dominio propio controla y frena mi persona.

- El dominio propio contiene a mi persona.

- El dominio propio disciplina y domina a mi persona.

- El dominio propio sujeta y gobierna a mi persona.

- El dominio propio le dice *«¡No!»* a mi persona.

Aquí tienes lo que hizo una amiga mía para obtener una victoria. Escribió esta lista en una tarjeta de 8 x 14 cm y la pegó en el espejo del baño a fin de que la ayudara con su problema de comer en exceso. Creo que su lista es una gran idea. ¿Y sabes qué? Como la lista se acomoda a cualquier problema, tal vez quieras hacer una para ti. Además, asegúrate de colocar la lista en tu cuaderno de oración. Estos pasos te recordarán a menudo el modelo de Dios para el dominio propio.

Definamos el dominio propio: El dominio propio significa «¡No lo hagas!».

Hasta ahora, en esta sección acerca de organizarte, hemos aprendido que la fidelidad significa «¡Hazlo!» y la humildad significa «¡Sopórtalo!». Y ahora, para comprender mejor, el dominio propio significa «¡No lo hagas!». En momentos de tentación, debemos acudir a Dios en busca de su fortaleza y luego decidir *no hacerlo*. En otras palabras, no cedas a los sentimientos, a las ansias y a los impulsos. No pienses ni hagas lo que sabes que va en contra de la Palabra de Dios. No te consientas. No tomes los caminos fáciles. No racionalices... ¡y miles de otros «no hagas tal cosa»! Como explica un pastor:

> La expresión *dominio propio* significa «la capacidad de decir que no». Es una evidencia de la fuerza de voluntad que a veces se expresa con la voluntad de decir «no». Es la capacidad de decir que sí en el momento adecuado; sí a ciertas cosas y no a otras. Es esa clase de fortaleza interna que toma todas las circunstancias y experiencias de la vida y las somete a evaluación para luego decidir: «Está bien, es la voluntad de Dios», o «Está mal, lo haré a un lado»[9].

¿Cuál es el mensaje de Dios para ti? No hagas lo que podrías hacer... ¡haz lo que debieras hacer!

La lucha por el dominio propio

Mientras pensaba en la lucha por el dominio propio, realicé una lista de las esferas que más desafían a las mujeres, tanto jóvenes como maduras, y que hacen que necesiten acudir a Dios en busca de su ayuda. (Y a propósito, ¡estas luchas no se terminan con la edad!). Es como observara un compañero creyente: «A un mayor o menor grado, si estás vivo, ¡eres tentado!»[10]. ¡Esto significa que tú (¡y yo también!) necesitas el dominio propio de Dios cada minuto y cada día en cada esfera de tu vida! En cualquier lugar al que vayamos, nos enfrentaremos a la tentación. Por lo tanto, necesitamos la ayuda del Espíritu para resistir en las esferas comunes de la vida...

La comida. Sin duda alguna, la vida sería más sencilla si no tuviéramos que estar cerca de la comida. Dios creó nuestro cuerpo para que necesite combustible, pero de alguna manera la necesidad y el deseo natural por la comida pueden salirse de su cauce. Por ejemplo, como estoy escribiendo acerca de la comida, mi boca y mi mente de repente anhelan comer algo... ¡cualquier cosa!, pero no es hora de comer. No *necesito* comer porque acabo de almorzar. ¡Solo *quiero* comer! Así que me obligo a sentarme aquí y seguir escribiendo. Pienso: «Elizabeth, solo di que no. No lo hagas. No te levantes y vayas a la despensa. Rechaza el impulso. Puedes tener victoria con la ayuda de Dios. Quédate sentada, mantén la mente en el Señor, ¡y sigue trabajando!».

Ahora bien, ¿podría comer algo? Por supuesto. ¿Me haría mal comer? Por supuesto que no... bueno, ahora no, ¡pero quizá a la mañana cuando me subo a la balanza! ¿Pero cuál serían las bendiciones de no ceder a la carne? Bueno, por un lado, progresaré en este capítulo al seguir escribiendo. Y por otro lado, puedo tener la victoria de Dios en esta pequeña cosa. Además, al decir que no, construyo un historial con Dios y gano experiencia que me ayudará más adelante cuando me enfrente a algo mayor.

Los pensamientos. Toda mujer lucha con sus pensamientos. Sabes lo sencillo que es pasar al modo de las fantasías y comenzar

154

a pensar en las cosas (cosas que son reales o no), como el chico guapo de tu clase de español... y de cómo te habló o de cómo no lo hizo. Tal vez tus pensamientos sean lo bastante inocentes, ¿pero qué sucede si se transforman en pensamientos impuros? ¿O qué sucede si comienzas a pensar en un comentario desagradable que hiciera alguien acerca de ti entre clases en el pasillo? Si no tienes cuidado, tus pensamientos pueden deslizarse a un estado de amargura y hacia un deseo de «desquitarte»... y, bueno, ya conoces demasiado bien el resto de la situación.

El dinero y las posesiones. Estas dos luchas van de la mano. Durante todos los días, casi siempre que estás despierta, estás expuesta a anuncios televisivos, vallas publicitarias, comerciales radiales, la etiqueta de la camisa o de los zapatos de alguien, y todo esto te tienta a desear algo y a gastar tu dinero para obtenerlo. Y la verdad es que la mayoría de las cosas que se promocionan son lo que no necesitas. No digo que esté mal tener cosas lindas o de moda. Sin embargo, digo esto porque aquí es donde el dominio propio viene a tu rescate. Tienes que comenzar a decirte: «¡No lo hagas! ¡Deja de pensar que debes tener ese par de zapatos o esos vaqueros nuevos y con más estilo!». Debes acudir a Dios en busca de su ayuda para refrenarte, contenerte y controlar tus deseos. El Espíritu puede darte la fuerza para resistir la tentación de amar las cosas en el mundo (1 Juan 2:15), si estás dispuesta a caminar por el Espíritu.

Las luchas sexuales. Guardé esta lucha para el final, no porque sea menos importante, ¡sino porque es de vital importancia! Tal vez tu líder de jóvenes les haya dado algunas estadísticas que hablan de la actividad sexual, incluso de niñas de entre nueve y doce años. La pureza sexual es un campo donde necesitas del todo el dominio propio de Dios. Nuestra sociedad tiende a pasar por alto y a aceptar el sexo fuera del matrimonio. Es más, ¡muchas personas lo esperan! ¿Pero es esto lo que Dios quiere para sus jóvenes mujeres? Ya sabes la respuesta... ¡y es *no*! Así que, ¿cómo resistirás la fuerte tentación de la impureza sexual? Esta batalla, al igual que las otras luchas de las que hablamos y junto con muchas otras tentaciones, se gana de la misma manera, mi querida joven amiga. Se pelea, y se gana, cuando acudes a Dios, confías en su don del dominio propio, le obedeces y dices ¡*No!* Y así sigue. Una y otra vez acudes a Él, pidiéndole nuevas fuerzas y dominio propio para volver a decir «¡No lo hagas!». Es la clave para ganar las luchas sexuales y para cultivar el dominio propio de Dios en tu vida.

¡Y ahora llegó el momento del bolígrafo! Mira estos pasajes y toma notas para ti acerca de la manera en que puedes obtener el dominio propio en tus esferas de lucha.

✎ *Una palabra de la Palabra de Dios acerca del dominio propio...*

- Para todas tus batallas: Las dos cosas que siempre debes recordar en tu batalla por el dominio propio son:

  —— «*Vivan por el Espíritu [...] y no seguirán los deseos de la naturaleza pecaminosa*», y

  —— «*El Espíritu desea lo que es contrario a ella*» (Gálatas 5:16-17).

- La comida: ¿Necesitas ayuda? Esto es lo que dice 1 Corintios 10:31: «*En conclusión, ya sea que coman o beban o hagan cualquier otra cosa, háganlo todo para la gloria de Dios*».

- Los pensamientos: ¡No cedas a los pensamientos pecaminosos ni a patrones dañinos de pensamientos! En cambio, «*todo lo que es verdadero, todo lo honesto, todo lo justo, todo lo* puro, todo lo amable, todo lo que es de buen nombre; si hay virtud alguna, si algo digno de alabanza, en esto pensad» (Filipenses 4:8, RV-60).

- El dinero y las posesiones: Toma en serio el siguiente consejo: *«No amen al mundo ni nada de lo que hay en él. Si alguien ama al mundo, no tiene el amor del Padre. Porque nada de lo que hay en el mundo —los malos deseos del cuerpo, la codicia de los ojos y la arrogancia de la vida— proviene del Padre sino del mundo. El mundo se acaba con sus malos deseos, pero el que hace la voluntad de Dios permanece para siempre»* (1 Juan 2:15-17).

Las luchas sexuales: ¡Presta atención a las normas de la Biblia que te dicen qué hacer y qué no hacer!

— ¡No cedas! En cambio: *«Huyan de la inmoralidad sexual. Todos los demás pecados que una persona comete quedan fuera de su cuerpo; pero el que comete inmoralidades sexuales peca contra su propio cuerpo. ¿Acaso no saben que su cuerpo es templo del Espíritu Santo, quien está en ustedes y al que han recibido de parte de Dios? Ustedes no son sus propios dueños; fueron comprados por un precio. Por tanto, honren con su cuerpo a Dios»* (1 Corintios 6:18-20).

— ¡Camina en verdad por el Espíritu! *«La voluntad de Dios es que sean santificados; que se aparten de la inmoralidad sexual; que cada uno aprenda a controlar su propio cuerpo de una manera santa y honrosa, sin dejarse llevar por los malos deseos como hacen los paganos, que no conocen a Dios»* (1 Tesalonicenses 4:3-5).

La respuesta del corazón

Querida hermana, la buena noticia para ti y para mí es que podemos reclamar el poder de Dios, caminar por su Espíritu, ejercer el dominio propio y ganar la batalla sobre la tentación carnal. Luego, demostraremos en forma extraordinaria la belleza de Cristo, a medida que caminamos con Él en nuestra vida cotidiana. ¡En verdad viviremos juntos! ¡Qué Dios tan maravilloso tenemos que pone a nuestra disposición el depósito de su gracia, su dominio propio!

Casi todo cristiano disfruta de las exhortaciones cálidas pero firmes del autor y pastor Max Lucado. Aquí está su aliento, desde su corazón al tuyo, ¡para escoger el dominio propio!

> *Elijo el dominio propio...*
> Soy un ser espiritual.
> Después que muera este cuerpo,
> mi espíritu remontará vuelo.
> Me niego a permitir que lo que se pudrirá
> gobierne lo eterno.
> Elijo el dominio propio.
> Solo me apasionará mi fe.
> Solo Dios ejercerá influencia sobre mí.
> Solo Cristo me enseñará.
> Elijo el dominio propio[11].
>
> Max Lucado

Ahora, mi amiga, que tú también puedas elegir el dominio propio.

Cosas para hacer hoy y caminar en dominio propio

1. Comienza con Cristo. ¿Él es tu Amo y Señor? El autocontrol comienza con el control de Cristo.

2. Controla lo que consumes. Regula lo que comes, los lugares a los que vas y lo que ves. Sigue el consejo de David: *«No pondré delante de mis ojos cosa injusta»* (Salmo 101:3, RV-60).

3. Mantente ocupada. Realiza un programa... ¡y síguelo! Ofrécete como voluntaria para ayudar a los demás. Haz lo que sea para mantenerte ocupada. Al hacerlo, te negarás a comer el «pan que es fruto del ocio» (Proverbios 31:27) y te encontrarás con menos tiempo para ser tentada.

4. Di: «¡No!». Salomón escribió: «Como ciudad sin defensa y sin murallas es quien no sabe dominarse» (Proverbios 25:28). Este pensamiento hace eco de esta verdad: «La palabra *no* forma el armamento y las paredes protectoras de la ciudad espiritual [...] A veces, *no* puede ser una palabra difícil de decir, pero es la clave para el dominio propio, la palabra que bendice el Señor»[12].

5. *Ora*. ¡Ora por cada aspecto de tu vida! Nada debería ser demasiado pequeño para traer delante del Señor. Pídele su sabiduría para discernir el bien del mal y su fortaleza para decir *sí* a lo bueno y *no* a lo malo.

¿Te gustaría saber más acerca de caminar en dominio propio? ¡Echa un vistazo!

✓ Mira estos pasajes en tu Biblia y apunta el mensaje de Dios para ti acerca del dominio propio.

Romanos 6:12:

Gálatas 5:16:

Romanos 6:13:

1 Corintios 10:31:

Gálatas 5:24:

✓ ¿Qué lecciones aprendes de estas personas acerca del dominio propio o de la falta de dominio propio?

José y la esposa de Potifar: en Génesis 39:7-10.

Moisés: Números 20:2-11.

Acán: Josué 7:21.

David: en 1 Samuel 24:3-7 y 26:7-9.

¿Qué razón había detrás del dominio propio de David, de acuerdo a 1 Samuel 24:8 y 26:10?

David: en 2 Samuel 11:1-4.

13

Una mirada a Jesús

A medida que avanzamos a través de los frutos del Espíritu de Dios, ¡sin duda alguna hemos aprendido más acerca de cómo obtenerlos en nuestras vidas! A lo largo del camino, Jesús nos ha mostrado cómo son cada uno de ellos cuando se viven por la gracia de Dios. Y ahora, quiero que volvamos a mirar su vida. Quiero que mires estos tres frutos finales que tratan de la disciplina personal (junto con la organización): la fe, la humildad y el dominio propio. Cuando miremos a Jesús ahora, fíjate cuántas veces y de cuántas maneras presencias cómo fue fiel y «lo hizo» (por ejemplo, al ir a la cruz), «lo soportó» (por ejemplo, al no contestar) y «no lo hizo» (por ejemplo, al no atacar con palabras ni responder a los insultos).

¿Recuerdas la última vez que observamos a Jesús? Vimos cuando lo arrestaban y lo llevaban hacia su juicio y la crucifixión. ¿Alguna vez te has preguntado cómo manejó Jesús todo esto, y cuál era su modo de pensar al enfrentar la cruz?

Pedro, que miró cómo se desenvolvieron estos acontecimientos terribles, responde estas preguntas por nosotros. Aunque negó cualquier conexión con Jesús cuando otros lo interrogaron (diciendo: «¡A ese hombre ni lo conozco!», Mateo 26:72), siguió a su Maestro de lejos. Y con unos pocos trazos, Pedro resume el comportamiento de nuestro Señor para que podamos seguir sus pasos, para que podamos «hacerlo», «soportarlo» y «no hacerlo» con éxito, en el momento adecuado y en las situaciones adecuadas. Pedro nos dice:

> *«Él no cometió ningún pecado,*
> *ni hubo engaño en su boca».*
> *Cuando proferían insultos contra él, no replicaba con insultos;*
> *cuando padecía, no amenazaba*
> (1 Pedro 2:22-23).

Jesús no cometió ningún pecado

Aquí hay algo que nunca deberías olvidar: A través de su existencia terrenal, incluyendo sus últimos días, ¡Jesús no cometió ningún pecado! Es probable que hayas tenido momentos en los que no hayas cometido ningún pecado... ya sabes, cuando todo está bien y la vida va bien. Con todo, seamos sinceras, esos momentos no son lo normal.

Así que ahora, durante un momento, imagina la peor de las circunstancias, la clase que Jesús experimentó en el camino a la cruz: ¡la clase que viene junto con la traición, las mentiras, las falsas acusaciones, el castigo injusto, la brutalidad, el abuso físico, los puñetazos, los garrotes, los palos, los látigos, los clavos y una lanza! Luego, ¡intenta imaginar comprometerte a no pecar en esa clase de ambiente! No pecar en tales circunstancias sería de seguro la obra del Espíritu Santo. ¡Solo Él puede capacitarnos para caminar a través de situaciones difíciles sin pecar!

¿Pero por qué sufría Jesús? ¿Por qué lo maltrataban con tanta dureza? Toda su vida...

> hizo el bien,
> hizo lo bueno,
> hizo todo lo que Dios le pidió y exigió, y
> llevó a cabo con éxito la voluntad del Padre

para su vida.

Jesús...

enseñó la verdad de Dios,

sanó la creación de Dios

alimentó a las personas, y

llevó la luz a la oscuridad.

Jesús también...

predicó el evangelio a los pobres,

proclamó libertad para los cautivos,

restauró la vista a los ciegos, y

puso en libertad a los oprimidos (Lucas 4:18).

Sin embargo, Jesús sufrió por hacer lo bueno (versículo 29). Como el Hijo santo de Dios, no pecó en ningún momento. Vivió toda su vida sin pecado (Hebreos 4:15). ¡Jesús, entre todas las personas, no merecía sufrir de ninguna manera!

Y aquí hay algo más: aun los que condenaron a Jesús sabían que no había pecado. Era cien por cien inocente. Por ejemplo, Pilato les dijo a los jefes de los sacerdotes y a la multitud: «No encuentro que este hombre sea culpable de nada» (Lucas 23:4). Después que Jesús regresó de la corte de Herodes, Pilato volvió a decirles a los jefes de los sacerdotes y a los gobernantes del pueblo: «Lo he interrogado [a Jesús] delante de ustedes sin encontrar que sea culpable de lo que ustedes lo acusan» (versículo 14). Pilato agregó: «Es claro que tampoco Herodes lo ha juzgado culpable, puesto que nos lo devolvió. Como pueden ver, no ha cometido ningún delito que merezca la muerte» (versículo 15). Una última vez, Pilato les preguntó a los líderes judíos: «Pero, ¿qué crimen ha cometido este hombre? No encuentro que él sea culpable de nada que merezca la pena de muerte» (versículo 22).

No, nuestro Jesús no cometió ningún crimen. No cometió ningún pecado.

¿Te das cuenta de que, al igual que Jesús, puedes acudir a Dios para que te ayude a tomar las decisiones adecuadas en la vida? ¿Puedes experimentar la victoria sobre el pecado? ¿Puedes tomar la decisión de decir que *no* al pecado, decisiones que tal vez requieran que *lo hagas*, que *lo soportes* o que *no lo hagas*, según sea el caso? Thomas Guthrie, el escocés escritor de devocionales, advirtió:

> Nunca teman a sufrir; pero ¡ay!, teman a pecar. Si deben elegir entre las dos cosas, prefieran el mayor de los sufrimientos al menor de los pecados[1].

¿Puedes hacer que esta también sea la perspectiva de tu corazón? Cuando acudes a Dios en busca de ayuda, Él te ayudará a decidir no pecar.

Jesús no pecó al hablar

No solo sus obras fueron sin pecado, sino que también las palabras de Jesús no tuvieron pecado. Pedro nos dice: «Ni hubo engaño alguno en sus labios» (1 Pedro 2:22). Incluso luego de un interrogatorio meticuloso, los acusadores de Jesús no encontraron ninguna astucia ni artimaña[2]. Jesús siempre dijo la verdad: el cien por cien de las veces. Siempre habló y actuó con intenciones puras. No se pudo descubrir ningún engaño ni malicia... ¡porque no lo había!

Y había algo más: Jesús no respondió. Se negó a responder en su juicio. Cuando los jefes de los sacerdotes y los ancianos lo acusaron con falsedades, «Jesús no contestó nada» (Mateo 27:12). Cuando Pilato lo interrogó, «Jesús no respondió ni a una sola acusación» (versículo 14). Cuando Caifás y el sanedrín lo desafiaron: «¿No tienes nada que contestar? ¿Qué significan estas denuncias en tu contra?» (Marcos 14:60), Jesús «se quedó callado y no contestó nada» (versículo 61). En lugar de insistir con palabras en sus argumentos con las personas que no tenían oídos para oír, Jesús se sometió de manera silenciosa al trato severo y a una muerte cruel que no merecía.

Jesús no se resistió

Jesús tampoco resistió a sus acusadores y enemigos. Se negó por completo a pelear en forma verbal o física. Leemos, por ejemplo, que mientras lo insultaban, no replicó (1 Pedro 2:23). Que te insulten o te injurien significa que te maldigan con severidad, con una serie de palabras duras y abusivas[3]. ¡Y ese fue el trato que sufrió nuestro Jesús, el Cordero sin pecado de Dios!

¿Qué hizo Jesús cuando lo atacaron en forma verbal y física? La Biblia dice que «cuando padecía, no amenazaba» (1 Pedro 2:23). Aquí «padecía» significa que le golpearan con los puños cerrados (Mateo 26:67). Pedro recuerda los golpes que recibió Jesús por sus siervos, el desprecio del sumo sacerdote, los azotes, la cruz... y la sumisión silenciosa de Jesús. Y como explica un erudito: «Bajo la provocación continua y repetida, en ningún momento [Jesús] rompió el silencio. Durante todo el tiempo en el que lo golpearon físicamente, no contestó con injurias. En ningún momento de sus sufrimientos recurrió a las amenazas»[4]. Incluso «el sufrimiento continuo en manos de la multitud no provocó de nuestro Señor palabras de venganza»[5].

Por supuesto, ¡las palabras pecaminosas, desdeñosas y duras no encajarían con la imagen de la perfecta piedad de Jesús! Reaccionar es algo que tú y yo tal vez hagamos... pero no Jesús. Cuando lo trataron de manera injusta, no pronunció amenazas, no condenó a sus opresores, ni los juzgó. No, mantuvo cerrada su boca. En las palabras de Isaías: «Maltratado y humillado, ni siquiera abrió su boca; como cordero, fue llevado al matadero; como oveja, enmudeció ante su trasquilador; y ni siquiera abrió su boca» (Isaías 53:7).

La respuesta del corazón

¡Ah, cuán precioso es nuestro Jesús! Y, ¡ah, qué hermoso sería ser como Él!

Estoy segura de que tu corazón se duele al pensar en esta escena de horror y maldad. La respuesta del Salvador nos hace pensar. Debiera hacerte pensar (¡y planear!) que de seguro... si en estas terribles circunstancias Él demostró tal misericordia, tal fidelidad, humildad y dominio propio, tú puedes hacer lo mismo en tu esfera mucho más tranquila de vida y servicio. Y desde luego... si Él soportó con tranquilidad el dolor y el sufrimiento que le causaron sus asesinos, tú puedes tolerar con tranquilidad el maltrato que recibes de los demás. Y desde luego... si Él mantuvo la boca cerrada y era inocente, tú puedes hacer lo mismo.

Sin embargo, a esta altura, también deberías saber que solo puedes hacer estas cosas y responder de estas maneras por el poder del Espíritu de Dios. Es el único que te llena con su fidelidad, su humildad y su dominio propio. Mi querida amiga de viaje, no dejes de acudir a Dios en busca de ayuda para ser más semejante a Jesús.

Y ahora... una oración final de acción de gracias...

Es con corazones rebosantes, oh Padre,
Que susurramos «gracias» una vez más...
Esta vez por la gracia de tu Hijo
El cual demostró una fidelidad completa hacia ti,
El cual aceptó en humildad un maltrato tan injusto y
El cual demostró el dominio propio en la peor de
las circunstancias
Al caminar hacia la cruz a morir por nosotros.
Permítenos recibir tu gracia... que podamos
Hacer con fidelidad todo lo que pides de nosotros,

Sufrir con humildad y tranquilidad lo que venga a nuestro
camino y,
Teniendo dominio de nosotros mismos, que no hagamos
nada que deshonre tu nombre digno.
En el nombre de Jesús, nuestro Modelo, Salvador y Señor.
Amén.

Cosas para hacer hoy y ser más como Jesús

1. Reflexiona acerca de tu vida: Realiza una pausa y ora por
    tu conducta o estilo de vida al considerar a tu Salvador y
    tu llamado a seguir su ejemplo. ¿Te surgen en la mente y
    en el corazón algunas esferas de pecado que salten a la vista?

2. Confiesa cualquier esfera de pecado ahora. Pasa a la segunda
    etapa al establecer lo que harás para tratarlas, eliminarlas
    y «¡no hacerlo!». Recuerda: «Quien encubre su pecado
    jamás prospera; quien lo confiesa y lo deja, halla perdón»
    (Proverbios 28:13).

3. Regocíjate en el hecho de que tienes perdón en Jesús: «Si
    confesamos nuestros pecados, Dios, que es fiel y justo, nos
    los perdonará y nos limpiará de toda maldad» (1 Juan 1:9).

¿Te gustaría saber más acerca de ser como Jesús? ¡Echa un vistazo!

✓ Lee 1 Pedro 2:22. Anota en el espacio en blanco a continuación el primero de los dos hechos acerca de la conducta y el comportamiento de Jesús.

Jesús

_____

_____.

¿Qué relatan estos pasajes acerca de la verdad de este hecho?

Hechos 3:13-15:

Hebreos 4:15:

Hebreos 7:26:

1 Juan 3:5:

✓ Vuelve a leer 1 Pedro 2:22 y anota en el espacio en blanco a continuación el segundo de los dos hechos escritos acerca de la conducta y el comportamiento de Jesús.

Jesús

_____

_____.

¿Qué relatan estos pasajes acerca de la verdad de este hecho?

Isaías 53:7:

Marcos 14:60-61:

Marcos 15:4-5:

Lucas 23:8-9:

✓ Lee 1 Pedro 2:23 y anota dos hechos adicionales acerca de la conducta y el comportamiento de Jesús.

En primer lugar, Jesús _____.

En segundo lugar, Jesús _____, pero _____.

¿Qué relatan estos pasajes acerca del trato de los enemigos de Jesús hacia Él?

Mateo 26:67-68:

Mateo 27:26:

Mateo 27:27-32:

Mateo 27:39-40:

Mateo 27:41-43:

Mateo 27:44:

¿Qué hizo Jesús, en cambio, de acuerdo a Lucas 23:34 y 46?

Cómo sacas el mayor provecho de tu vida

¡Huy! ¡Lo hicimos! ¡Tú y yo hemos completado nuestra excursión por el fruto del Espíritu! Juntas paseamos por el camino, pasando de un grupo al otro, de un fruto al otro. Con la Palabra de Dios como nuestra guía, leímos acerca de cada gracia, cada fruto, de lo que es cada uno y de cómo puede cultivarse a medida que caminamos con Dios. Agradezco el tiempo que tuvimos para estudiar y disfrutar cada fruto. Los vimos y probamos todos. Y sabemos más acerca de cultivar el fruto de Dios en nuestras vidas.

Al dejar estas páginas y la una a la otra, quiero que lleves el mensaje de Dios contigo a tu vida cotidiana. Quiero que tú (¡y yo también!) te organices, te lleves bien con todos, obtengas las actitudes adecuadas, comiences a hacer algo y saques el mayor provecho de tu vida. Una cosa es hablar acerca del fruto espiritual, pero otra es que Dios quiere que lo pongas en práctica. ¡Quiere que transites el camino! Como viste, su Palabra describe con exactitud cómo quiere que sea tu vida y lo que quiere que los demás vean en ti a medida que llevas el fruto de su Espíritu en la vida real y cotidiana.

Una historia

Déjame contarte una historia acerca de alguien que caminó con Dios y que puso en práctica el fruto del Espíritu... y su impacto en una joven. Su nombre es Sam Britten. Sam era un anciano y un siervo en mi antigua iglesia. También era el director del centro de actividades para discapacitados físicos en la universidad estatal de California, en Northridge. Hace décadas que conozco a Sam, pero una de las estudiantes del campus me ayudó a apreciarlo aun más.

Judi había oído acerca de las cosas extraordinarias que sucedían en el centro de discapacitados, el cual daba al mismo pasillo de una de sus clases. Así que una tarde, por curiosidad, entró al salón y se quedó mirando en silencio. Lo que vio fue al Dr. Britten, de rodillas, ayudando y alentando a uno de sus estudiantes discapacitados.

Judi, que no era cristiana pero que había escuchado acerca de Jesús, dijo: «Mientras estaba allí mirando al Dr. Britten y veía su amor, amabilidad, paciencia y dulzura con ese estudiante, pensé: "¡Así debe haber sido Jesús!"». A diario, a Judi le atraía la sala del Dr. Britten. Y una vez tras otra observaba la misma escena. «Algunos días», confiesa, «tenía que irme de la sala y salir al pasillo para poder llorar. ¡Era tan conmovedor observar a ese hombre!»

Al acercarse a Margie, una de las asistentes de Sam, Judi le preguntó si sabía lo que hacía que Sam se pareciera a Jesús. Margie le respondió: «Ah, es cristiano. Conoce a Jesús y lee mucho su Biblia y ora. Es más, todos oramos juntos cada día antes de que llegue la gente para el tratamiento». Bueno, lo adivinaste. Pronto, Judi se compró una Biblia. Comenzó a leerla y a orar. También encontró una iglesia, y en el trascurso de un año, Judi le entregó su corazón a Jesús.

Querida lectora y amiga, esta imagen de Sam Britten es de lo que se trata este libro: de Jesús en ti, de Jesús visible para los demás a medida que caminas por el Espíritu, de Jesús amando y sirviendo a otros por medio de ti, de Jesús expuesto en ti, de la misma manera en que está expuesto en Sam Britten. Cuando te organizas en lo espiritual y caminas por el Espíritu, te comportas como lo hizo Jesús. Llena de su Espíritu Santo, puedes mostrarlo a Él a un mundo que lo necesita.

Un comentario

El apóstol Juan escribió acerca de esta clase de semejanza a Cristo, diciendo: «Cuando Cristo venga seremos semejantes a él» (1 Juan 3:2). Luego, en el versículo siguiente, nos dice cómo podemos parecernos a Jesús ahora: «Todo el que tiene esta esperanza en Cristo, se purifica a sí mismo, así como él es puro» (versículo 3). ¿Y cómo sucede esta purificación, y cómo podemos ayudar a que suceda?

Para concluir nuestro precioso caminar con Dios a través de este libro, lee estos comentarios del predicador británico, el Dr. John Blanchard. También te proporciona algunos pasos que puedes dar:

Cualquiera que en verdad cree que algún día será como Cristo [...] de seguro se purifica y busca sin cesar la piedad como una prioridad principal. Es la marca de un verdadero hijo de Dios. Debemos deleitar nuestros ojos en Cristo, en todo lo que podamos encontrar acerca de Cristo en las Sagradas Escrituras. Debemos hacer todo lo que podamos: Debemos luchar, pelear, orar y ser disciplinados a fin de llegar a ser cada vez más semejantes a Cristo, sin importar el costo, sabiendo que cada pecado que se supera, cada tentación que se resiste, cada virtud que se gana es un paso más, un paso más, un paso más, un paso más hacia ese momento en el que seremos como Él.

Una oración

Cuando el Dr. Blanchard terminó su sermón, oró de la siguiente manera: una oración para ti y para mí a medida que, como mujeres de Dios, procuramos caminar con Dios y mostrar a Jesús a un mundo necesitado. ¡Aprópiate de esta oración!

Podemos bendecirte por toda tu bondad *para* nosotros, por habilitar al Espíritu Santo *en* nuestras vidas, por cada palabra de las Escrituras que se ha grabado a fuego en nuestros corazones, por cada paso de progreso que se ha realizado, por cada victoria que se ha obtenido, por cada tentación que se ha resistido. Y también podemos alabarte y lo hacemos, sabiendo que solo por tu gracia y por tu poder es que se lograron estas cosas[1].

Sé cada vez más semejante a Jesús

Vuelve a mirar a través del libro y escribe la consigna o el lema breve de cada fruto del Espíritu. Recuerda, por ejemplo, que «el amor es el sacrificio de nuestra persona». Esto te ayudará a responder las situaciones de tu día, y de la vida, de manera piadosa, y a ser más semejante a Jesús. Repasa a menudo esta lista.

1. Amor...

2. Alegría...

3. Paz

4. Paciencia...

5. Amabilidad...

6. Bondad

7. Fidelidad...

8. Humildad

9. Dominio propio...

Capítulo 1: Cómo logras que todo comience

1. Merrill E. Unger, *Unger's Bible Dictionary*, Moody Press, Chicago, 1972, p. 382.

2. Alfred Martin, *John, Life Through Believing*, Moody Bible Institute, Chicago, 1981, p. 92.

3. Everett F. Harrison, *John, The Gospel of Faith*, Moody Press, Chicago, 1962, p. 91.

4. William Barclay, *The Gospel of John*, vol. 2, ed. rev., The Westminster Press, Filadelfia, 1975, p. 176.

5. Harrison, *John, The Gospel of Faith*, p. 91.

6. Albert M. Wells, Jr., ed., *Inspiring Quotations Contemporary & Classical*, Thomas Nelson Publishers, Nashville, 1988, p. 158.

7. Elizabeth George, *El llamado de una joven a la oración: Habla con Dios acerca de tu vida*, Editorial Unilit, Miami, FL, 2005.

8. Charles Wesley, «And Can It Be that I Should Gain», *Psalms and Hymns*, 1738.

Capítulo 2: Un corazón que ama

1. William Barclay, *The Letters to the Galatians and Ephesians*, ed. rev., The Westminster Press, Filadelfia, 1976, p. 50.

2. John MacArthur, Jr., *Liberty in Christ*, Word of Grace Communications, Panorama City, CA, 1986, p. 88.

Capítulo 3: Un corazón alegre

1. John MacArthur, Jr., *Liberty in Christ*, Word of Grace Communications, Panorama City, CA, 1986, p. 90.

2. William Barclay, *The Letters to the Galatians and Ephesians*, ed. rev., The Westminster Press, Filadelfia, 1976, p. 50.

3. William Barclay, *The Letters of James and Peter*, ed. rev., The Westminster Press, Filadelfia, 1976, p. 178.

4. H.D.M. Spence y Joseph S. Exell, eds., *The Pulpit Commentary*, vol. 22, William B. Eerdmans Publishing Company, Grand Rapids, MI, 1978, p. 6.

5. W.H. Griffith Thomas, *The Apostle Peter*, Kregel Publications, Grand Rapids, MI, 1984, p. 162.

6. John MacArthur, Jr., *Comentario MacArthur del Nuevo Testamento: Gálatas*, Editorial Portavoz, Grand Rapids, MI, 2001, p. 166 (del original en inglés).

7. Herbert Lockyer, *All the Promises of the Bible*, Zondervan Publishing House, Grand Rapids, MI, 1962, p. 10.

Capítulo 4: Un corazón tranquilo

1. Kenneth S. Wuest, *Wuest's Word Studies in the Greek New Testament*, vol. 1, William B. Eerdmans Publishing Company, Grand Rapids, MI, 1973, p. 160.

2. William Barclay, *The Letters to the Galatians and Ephesians*, ed. rev., The Westminster Press, Filadelfia, 1976, p. 50.

3. Howard F. Vos, *Galatians, A Call to Christian Liberty*, Moody Press, Chicago, 1971, p. 107.

4. Albert M. Wells, Jr., ed., *Inspiring Quotations Contemporary & Classical*, Thomas Nelson Publishers, Nashville, 1988, p. 152.

Capítulo 5: Una mirada a las actitudes de Jesús

1. John MacArthur, Jr., *The MacArthur New Testament Commentary, Matthew 24-28*, Moody Press, Chicago, 1989, p. 167.

2. William Hendriksen, *New Testament Commentary, Matthew*, Baker Book House, Grand Rapids, MI, 1973, p. 917.

Capítulo 6: Un tiempo para no hacer nada

1. Charles F. Pfeiffer y Everett F. Harrison, eds., *The Wycliffe Bible Commentary*, Moody Press, Chicago, 1973, p. 1297.

2. Alan Cole, «The Epistle of Paul to the Galatians», *Tyndale New Testament Commentaries*, William B. Eerdmans Publishing Company, Grand Rapids, MI, 1965, p. 167.

3. John MacArthur, Jr., *Comentario MacArthur del Nuevo Testamento: Gálatas*, Editorial Portavoz, Grand Rapids, MI, 2001, p. 167 (del original en inglés).

4. Howard F. Vos, *Galatians, A Call to Christian Liberty*, Moody Press, Chicago, 1971, p. 108.

5. Merrill E. Unger, *Unger's Bible Dictionary*, Moody Press, Chicago, 1972, p. 829.

6. George Sweeting, *Love Is the Greatest*, Moody Press, Chicago, 1974, p. 53.

7. John MacArthur, Jr., *Liberty in Christ*, Word of Grace Communications, Panorama City, CA, 1986, p. 92.

8. H.D.M. Spence y Joseph S. Exell, eds., *The Pulpit Commentary*, vol. 22, William B. Eerdmans Publishing Company, Grand Rapids, MI, 1978, p. 287.

9. William Barclay, *The Letters to the Galatians and Ephesians*, ed. rev., The Westminster Press, Filadelfia, 1976, p. 51.

10. *Ibíd.*, p. 51.

11. D.L. Moody, *Notes from My Bible and Thoughts from My Library*, Baker Book House, Grand Rapids, MI, 1979, p. 323.

12. Spence y Exell, eds., *The Pulpit Commentary*, vol. 20, p. 294.

Capítulo 7: Un tiempo para hacer algo

1. William Barclay, *The Letters to the Galatians and Ephesians*, ed. rev., The Westminster Press, Filadelfia, 1976, p. 158.

2. John MacArthur, Jr., *The MacArthur New Testament Commentary, Colossians and Philemon*, Moody Press, Chicago, 1989, p. 155.

3. John M. Drescher, *Spirit Fruit*, Herald Press, Scottdale, PA, 1974, p. 210.

4. *Ibíd.*, p. 206.

5. Anne Ortlund, *Disciplines of the Beautiful Woman*, Word, Inc., Waco, TX, 1977, pp. 96, 98.

6. Alan Cole, «The Epistle of Paul to the Galatians», *Tyndale New Testament Commentaries*, William B. Eerdmans Publishing Company, Grand Rapids, MI, 1965, p. 167.

Capítulo 8: Un tiempo para hacer todo

1. John W. Cowart, *People Whose Faith Got Them into Trouble*, InterVarsity Press, Downers Grove, IL, 1990.

2. *Ibíd.*, pp. 13-14.

3. Merrill E. Unger, *Unger's Bible Dictionary*, Moody Press, Chicago, 1972, p. 420.

4. John MacArthur, Jr., *Comentario MacArthur del Nuevo Testamento: Gálatas*, Editorial Portavoz, Grand Rapids, MI, 2001, p. 168 (del original en inglés).

5. Kenneth S. Wuest, *Word Studies in the Greek New Testament*, vol. 1, William B. Eerdmans Publishing Company, Grand Rapids, MI, 1974, p. 160.

6. Howard F. Vos, *Galatians, A Call to Christian Liberty*, Moody Press, Chicago, 1971, p. 108.

7. William Hendriksen, *Exposition of the Pastoral Epistles, New Testament Commentary*, Baker Book House, Grand Rapids, MI, 1976, p. 188.

8. *Ibíd.*, p. 107.

9. William Hendriksen, *Exposition of the Bible According to Luke, New Testament Commentary*, Baker Book House, Grand Rapids, MI, 1978, p. 558.

10. Oswald Chambers, *Studies in the Sermon on the Mount*, Christian Literature Crusade, Fort Washington, PA, 1960, p. 53.

11. Albert M. Wells, Jr., ed., *Inspiring Quotations Contemporary & Classical*, Thomas Nelson Publishers, Nashville, 1988, p. 82.

12. Neil S. Wilson, ed., *The Handbook of Bible Application*, Tyndale House Publishers, Inc., Wheaton, IL, 1992, p. 369.

13. Dan Baumann, *Extraordinary Living for Ordinary People*, Harvest House Publishers, Irvine, CA, 1978, pp. 83-84.

Capítulo 9: Una mirada a las acciones de Jesús

1. William Hendriksen, Exposition of the Bible According to Luke, New Testament Commentary, Baker Book House, Grand Rapids, MI, 1978, p. 989.

Capítulo 10: Una decisión de simplemente hacerlo

1. Albert M. Wells, Jr., ed., *Inspiring Quotations Contemporary & Classical*, Thomas Nelson Publishers, Nashville, 1988, p. 69.

2. H.D.M. Spence y Joseph S. Exell, eds., *The Pulpit Commentary*, vol. 22, William B. Eerdmans Publishing Company, Grand Rapids, MI, 1978, p. 287.

3. John MacArthur, Jr., *Comentario MacArthur del Nuevo Testamento: Gálatas*, Editorial Portavoz, Grand Rapids, MI, 2001, p. 169 (del original en inglés).

4. Richard Shelley Taylor, *The Disciplined Life*, Dimension Books, Bethany Fellowship, Inc., Minneapolis, 1962, p. 37.

5. Vanita Hampton y Carol Plueddemann, eds., *World Shapers*, Harold Shaw Publishers, Wheaton, IL, 1991, p. 17.

6. Richard C. Halverson, boletín informativo «Perspective», 26/10/77.

Capítulo 11: Una decisión de soportarlo

1. William Hendriksen, *Exposition of the Bible According to Luke, New Testament Commentary*, Baker Book House, Grand Rapids, MI, 1978, pp. 271-72.

2. William Barclay, *The Letters to the Galatians and Ephesians*, ed. rev., The Westminster Press, Filadelfia, 1976, p. 52.

3. *Webster's New Dictionary of Synonyms*, G. & C. Merriam Company, Publishers, Springfield, MA, 1973, p. 812.

4. Merrill E. Unger, *Unger's Bible Dictionary*, Moody Press, Chicago, 1972, p. 709.

5. 1 Pedro 2:13.

6. 1 Pedro 2:18.

7. 1 Pedro 2:21-25.

8. 1 Pedro 3:1.

9. Robert Jamieson, A.R. Fausset, y David Brown, *Commentary on the Whole Bible*, Zondervan Publishing House, Grand Rapids, MI, 1973, p. 1475.

10. Kenneth S. Wuest, *Wuest's Word Studies in the Greek New Testament*, vol. 2, William B. Eerdmans Publishing Company, Grand Rapids, MI, 1974, p. 81.

11. Albert M. Wells, Jr., ed., *Inspiring Quotations Contemporary & Classical*, Thomas Nelson Publishers, Nashville, 1988, p. 92.

12. W.E. Vine, *An Expository Dictionary of New Testament Words*, Fleming H. Revell Company, Old Tappan, NJ, 1966, pp. 55-56.

13. *Ibid.*, p. 56.

14. Don Baker, *Pain's Hidden Purpose*, Multnomah Press, Portland, OR, 1984, pp. 86-89.

Capítulo 12: Una decisión de no hacerlo

1. J. Oswald Sanders, *Liderazgo Espiritual*, Editorial Portavoz, Grand Rapids, MI, 1995, p. 55 (del original en inglés).

2. Robert Jamieson, A.R. Fausset, y David Brown, *Commentary on the Whole Bible*, Zondervan Publishing House, Grand Rapids, MI, 1973, p. 1275.

3. William Barclay, *The Letters to the Galatians and Ephesians*, ed. rev., The Westminster Press, Filadelfia, 1976, p. 52.

4. W.E. Vine, *An Expository Dictionary of New Testament Words*, Fleming H. Revell Company, Old Tappan, NJ, 1966, p. 114.

5. Charles F. Pfeiffer y Everett F. Harrison, eds., *The Wycliffe Bible Commentary*, Moody Press, Chicago, 1973, p. 1297.

6. John MacArthur, Jr., *Liberty in Christ*, Word of Grace Communications, Panorama City, CA, 1986, p. 96.

7. H.D.M. Spence y Joseph S. Exell, eds., *The Pulpit Commentary*, vol. 20, William B. Eerdmans Publishing Company, Grand Rapids, MI, 1978, p. 287.

8. Kenneth S. Wuest, *Wuest's Word Studies in the Greek New Testament*, William B. Eerdmans Publishing Company, Grand Rapids, MI, 1974, p. 160.

9. Dan Baumann, *Extraordinary Living for Ordinary People*, Harvest House Publishers, Irvine, CA, 1978, pp. 118-19.

10. Bruce Wideman, *Presbyterian Journal*, 30 de julio de 1975, p. 7.

11. Citado en la obra de Luis Palau, *Heart After God*, Multnomah Press, Portland, OR,1978, p. 70.

12. John H. Timmerman, *The Way of Christian Living*, William B. Eerdmans Publishing Company, Grand Rapids, MI, 1987, pp. 147-48.

Capítulo 13: Una mirada a Jesús

1. D.L. Moody, *Notes from My Bible and Thoughts from My Library*, Baker Book House, Grand Rapids, MI, 1979, p. 362.

2. Kenneth S. Wuest, *Wuest's Word Studies in the Greek New Testament*, vol. 2, William B. Eerdmans Publishing Company, Grand Rapids, MI, 1973, p. 67.

3. *Ibíd.*, pp. 67-68.

4. Alan M. Stibbs, *The First Epistle General of Peter*, The Tyndale New Testament Commentaries, William B. Eerdmans Publishing Company, Grand Rapids, MI, 1976), p. 118.

5. Wuest, *Wuest's Word Studies*, pp. 67-68.

Cómo sacar el mejor provecho de tu vida

1. John Blanchard, «The Most Amazing Statement in Scripture» (Grace to You, P.O. Box 4000, Panorama City, CA 91412).

Notas personales

_____

_____

_____

_____

_____

_____

_____

_____

_____

_____

_____

_____

Notas personales

Notas personales

Notas personales

_____

_____

_____

_____

_____

_____

_____

_____

_____

_____

_____

_____

Notas personales

Notas personales

Acerca de la Autora

Elizabeth George es una autora de éxitos de librería y conferenciante cuya pasión es enseñar la Biblia de manera tal que cambie la vida de las mujeres. Para obtener información acerca de los libros de Elizabeth o de su ministerio de conferencias, para inscribirte en listas de correos o para contar cómo Dios ha usado este libro en tu vida, por favor, escríbele a Elizabeth a:

Elizabeth George
P.O. Box 2879
Belfair, WA 98528

Teléfono-fax (sin cargos): 1-800-542-4611
www.elizabethgeorge.com